O MESMO DE SEMPRE

Morgan Housel

O mesmo de sempre

Um guia para o que não muda nunca

TRADUÇÃO
Cássio de Arantes Leite

Grafia atualizada segundo o Acordo Ortográfico da Língua Portuguesa de 1990, que entrou em vigor no Brasil em 2009.

Título original
Same as Ever: A Guide to What Never Changes

Capa
Christopher Parker

Imagem de capa e vinheta
sumkinn/ iStock/ Getty Images

Preparação
Diogo Henriques

Revisão
Valquíria Della Pozza
Natália Mori

Dados Internacionais de Catalogação na Publicação (CIP)
(Câmara Brasileira do Livro, SP, Brasil)

Housel, Morgan
    O mesmo de sempre : Um guia para o que não muda nunca / Morgan Housel ; tradução Cássio de Arantes Leite. — 1ª ed. — Rio de Janeiro : Objetiva, 2023.

    Título original : Same as Ever: A Guide to What Never Changes.
    ISBN 978-85-390-0789-9

    1. Adaptabilidade (Psicologia) 2. Estabilidade 3. Mudança 4. Resiliência (Traço da personalidade) I. Título.

23-169202	CDD-155.24

Índice para catálogo sistemático:
1. Mudança : Adaptabilidade : Psicologia   155.24

Cibele Maria Dias — Bibliotecária — CRB-8/9427

Todos os direitos desta edição reservados à
EDITORA SCHWARCZ S.A.
Praça Floriano, 19, sala 3001 — Cinelândia
20031-050 — Rio de Janeiro — RJ
Telefone: (21) 3993-7510
www.companhiadasletras.com.br
www.blogdacompanhia.com.br
facebook.com/editoraobjetiva
instagram.com/editora_objetiva
twitter.com/edobjetiva

Aos otimistas sensatos

*Nossa vida na verdade continua como sempre foi [...]. Os mesmos
processos fisiológicos e psicológicos pelos quais o homem passou
ao longo de centenas de milhares de anos ainda perduram.*[1]
Carl Jung

*O sábio em todas as eras sempre disse a mesma coisa e os tolos,
que a todos os momentos formam a imensa maioria, também
agiram de maneira similar e fizeram exatamente o oposto.*[2]
Arthur Schopenhauer

A história nunca se repete; o homem, sim.
Voltaire

*Descobri um importante segredo: para desenvolver a
antevisão é preciso praticar a visão em retrospecto.*[3]
Jane McGonigal

*Os mortos superam os vivos [...] em catorze para um,
e é por nossa própria conta e risco que ignoramos a experiência
acumulada dessa maioria tão esmagadora da humanidade.*[4]
Niall Ferguson

23 breves histórias sobre coisas que nunca mudam

Introdução
As pequenas leis da vida. *13*

Por um fio
Se soubermos onde estivemos, perceberemos que
não fazemos ideia de para onde vamos. *17*

Risco é o que não enxergamos
Somos muito bons em prever o futuro, exceto pelas
surpresas — que tendem a ser tudo o que importa. *28*

Expectativas e realidade
A primeira regra da felicidade é baixar as expectativas. *37*

Mentes excêntricas
Pessoas que apreciamos por sua visão de mundo
única quase sempre terão também uma visão de
mundo única que não apreciaremos. *49*

Números malucos
As pessoas não querem precisão. Querem certezas. *57*

A melhor narrativa triunfa
Histórias são sempre mais poderosas
do que estatísticas. *69*

Não é computável
As forças que movem o mundo não
podem ser medidas. *80*

A calma planta as sementes da loucura
Louco não significa defeituoso.
Louco é normal; *mais que louco* é normal. *91*

Coisas demais, cedo demais, rápido demais
Anabolizada, uma boa ideia rapidamente
se torna péssima. *101*

Quando a magia acontece
O estresse foca a nossa atenção de uma maneira
que os bons tempos não conseguem. *109*

Tragédias repentinas e milagres de longo prazo
As coisas boas resultam de uma composição que
sempre leva tempo, mas as desagradáveis resultam
da perda de confiança ou de um erro catastrófico,
que podem ocorrer num piscar de olhos. *122*

Minúsculo e magnífico
Quando coisas ínfimas se combinam para
formar coisas extraordinárias. *128*

Êxtase e desespero
O progresso exige uma coexistência entre
o otimismo e o pessimismo. *135*

Vítimas da perfeição
Há uma imensa vantagem em ser
um pouco imperfeito. *142*

É pra ser difícil mesmo
Tudo o que vale a pena buscar vem com certo
sofrimento. O segredo é ignorar a dor. *149*

Continue correndo
A maioria das vantagens competitivas acaba sumindo. *157*

As maravilhas do futuro
Vivemos com a sensação de que estamos ficando para trás,
e é fácil subestimar o potencial de novas tecnologias. *165*

**Mais difícil do que pensamos e não
tão divertido quanto parece**
A grama do vizinho é sempre mais verde — sobretudo
quando fertilizada com as bostas que ele fala. *171*

Incentivos: As forças mais poderosas do mundo
Quando os incentivos são absurdos, o comportamento
é absurdo. As pessoas podem ser levadas a justificar
e defender quase qualquer coisa. *176*

Agora você entendeu
Nada é mais persuasivo do que as coisas que
vivenciamos em primeira mão. *183*

Horizontes de tempo
Dizer "Penso nisso a longo prazo" é mais ou
menos como parar na base do monte Everest,
apontar para o cume e afirmar: "É para lá que
eu vou". Legal. Agora vem o teste. *190*

Forçando a barra
Ninguém ganha pontos por dificuldade. *196*

As feridas fecham, mas as cicatrizes permanecem
Por quais experiências você passou e eu não que o
levam a acreditar no que acredita? E será que eu
pensaria sobre o mundo da mesma forma se tivesse
passado pelas mesmas coisas que você? *204*

Questões 211
Agradecimentos 215
Notas 217

Introdução

As pequenas leis da vida.

Certa vez almocei com um cara que era amigo do Warren Buffett.

O sujeito — vamos chamá-lo de Jim (não é seu nome real) — circulava com Buffett de carro por Omaha, Nebraska, no fim de 2009. A economia mundial a essa altura encontrava-se estagnada, e Omaha não era exceção. O comércio estava fechado, as lojas lacradas com tábuas.

Jim comentou com Warren: "A situação está péssima. Como a economia vai se recuperar de uma coisa dessas?".

"Jim, você sabe qual era o chocolate mais vendido em 1962?", perguntou Warren.

"Não", respondeu Jim.

"Snickers", disse o bilionário. "E você sabe qual é o chocolate mais vendido hoje?"

"Não", disse Jim mais uma vez.

"Snickers", respondeu Warren.

Em seguida, silêncio. E fim de conversa.

Este livro é composto de pequenas narrativas sobre coisas que nunca mudam num mundo em constante transformação.

A história está cheia de surpresas que ninguém poderia prever. Mas também está repleta de sabedoria atemporal.

Se você pudesse viajar quinhentos anos no passado ou no futuro, ficaria abismado ao constatar como a tecnologia e a medicina mudaram. A ordem geopolítica não faria sentido. As línguas e os dialetos poderiam soar completamente estranhos.

Mas você veria as pessoas se deixando levar pela ganância e pelo medo, tal como acontece no mundo de hoje.

Veria as pessoas se deixando persuadir pelo risco, pela inveja e pelos laços tribais, de maneiras que soariam bastante familiares.

Veria um excesso de confiança e uma miopia que o fariam pensar no comportamento das pessoas nos dias de hoje.

Além disso, veria as pessoas buscando o segredo de uma vida feliz e tentando encontrar certezas onde não há nenhuma, e se identificaria totalmente com essa busca.

Transportado para esse mundo pouco familiar, você observaria o comportamento da sociedade por alguns minutos e exclamaria: "Ah. Já vi isso antes. É o mesmo de sempre".

As mudanças chamam nossa atenção porque são surpreendentes e empolgantes. Mas os comportamentos que nunca mudam são a lição mais poderosa da história, pois antecipam o que esperar do futuro. Seu próprio futuro. *O futuro de todos*. Seja você quem for, venha de onde vier, tenha a idade que for, ganhe o dinheiro que ganhar, as lições atemporais extraídas do comportamento humano são uma das coisas mais importantes que você vai aprender.

É uma ideia simples, mas muito fácil de negligenciar. E, uma vez que você consiga captá-la, será capaz de compreender melhor sua própria vida, entender por que o mundo é como é e sentir-se menos inquieto com o que o futuro nos reserva.

Jeff Bezos, fundador da Amazon, afirmou que as pessoas sempre lhe perguntam o que vai mudar nos próximos dez anos. "O que quase nunca me perguntam é o que *não* vai mudar nos próximos dez anos", disse ele. "A meu ver, essa segunda pergunta é na verdade a mais importante das duas."[1]

Coisas que nunca mudam são importantes porque nos permitem saber com alguma confiança como irão moldar o futuro. Bezos afirmou que é impossível imaginar um futuro no qual os clientes da Amazon não desejem preços baixos e entrega rápida — assim, ele pode fazer um enorme investimento nessas coisas.

A mesma filosofia se aplica a quase todos os domínios da vida.

Não faço a menor ideia de como o mercado de ações vai se comportar no ano que vem (ou em qualquer ano). Mas estou bastante seguro da propensão humana à ganância e ao medo, a qual nunca muda. Assim, é sobre isso que passo meu tempo refletindo.

Não faço ideia de quem vencerá a próxima eleição presidencial. Mas estou seguro de que o apego das pessoas a identidades tribais influencia sua maneira pensar, que era a mesma há mil anos e daqui a mil anos continuará igual.

Não posso afirmar quais negócios dominarão a próxima década, mas posso garantir que os líderes empresariais acabarão por deixar o sucesso subir à cabeça, tornando-se preguiçosos e presunçosos, o que no fim levará a seu declínio. Esse cenário não mudou em centenas de anos, e nunca vai mudar.

Os filósofos passaram séculos discutindo a ideia de que há uma quantidade infinita de caminhos possíveis que a sua vida poderia tomar, e que você simplesmente calhou de estar vivendo nessa versão específica. É uma coisa maluca de se contemplar, e leva à questão: o que seria verdadeiro em *todas as versões imagináveis* da sua vida, não apenas nesta? Essas verdades universais são obviamente as coisas mais importantes em que devemos focar, uma vez que não dependem do acaso, da sorte ou de um acidente.

Nas palavras do empreendedor e investidor Naval Ravikant:

Em mil universos paralelos, você vai querer ser rico em 999. Você não vai querer ser rico apenas nos cinquenta deles em que teve sorte — assim, é preciso eliminar a sorte da equação. [...] Quero viver de forma que, em mil vidas, eu seja bem-sucedido 999 vezes.[2]

É disso que este livro trata: em mil universos paralelos, o que seria verdade em cada um deles?

Os 23 capítulos a seguir podem ser lidos de maneira independente, de modo que não há problema algum em pular um ou outro e começar por onde você preferir. O que eles têm em comum é minha confiança de que abordam temas que continuarão a ser tão relevantes daqui a centenas de anos quanto eram centenas de anos atrás.

Os capítulos não são longos — e tenho certeza de que o leitor vai me agradecer por isso. Muitos são derivados do meu blog no Collaborative Fund, onde escrevo sobre as relações entre dinheiro, história e psicologia.

O primeiro é dedicado à fragilidade do mundo, e apresenta uma história pessoal sobre o dia mais assustador da minha vida.

Por um fio

*Se soubermos onde estivemos, perceberemos
que não fazemos ideia de para onde vamos.*

Uma grande lição da história é perceber quanta coisa no mundo está sempre por um fio. Algumas das maiores e mais significativas mudanças na história aconteceram devido a um encontro ou a uma decisão aleatória, imprevisível, impensada, que levou à magia ou ao caos.

Tim Urban escreveu: "Se você voltasse no tempo para antes de ter nascido, ficaria aterrorizado de fazer qualquer coisa, pois saberia que até mesmo as menores interferências no presente podem ter imensos impactos no futuro".[1]

Somos assombrados pela verdade dessas palavras.

A seguir, compartilho uma história pessoal sobre como comecei a me interessar pelo assunto.

———

Cresci esquiando na região em torno do lago Tahoe. Disputava competições pela equipe de Squaw Valley, e toda a minha vida girou em torno disso por uma década.

Nossa equipe era composta por uma dúzia de esquiadores. Na virada do milênio, éramos adolescentes, e a maioria de nós tinha passado a maior parte da vida juntos. Esquiávamos seis dias por semana, dez meses por ano, percorrendo o mundo em busca de qualquer lugar onde houvesse neve.

Eu tinha pouca intimidade com a maioria dos meus colegas — passávamos muito tempo juntos e brigávamos como cães e gatos. Mas quatro de nós se tornaram amigos inseparáveis. Esta é a história de dois desses amigos — Brendan Allan e Bryan Richmond.

Em 15 de fevereiro de 2001, nossa equipe acabara de voltar de uma competição no Colorado. O voo de volta havia atrasado porque a região do lago Tahoe fora atingida por uma tempestade extrema até mesmo para os padrões locais.

Não é possível disputar uma prova de esqui quando há uma camada de neve recente no solo — para esquiar é preciso gelo duro e compactado. Assim, o treino foi cancelado, e Brendan, Bryan e eu nos preparamos para uma semana livre, esquiando a nosso bel-prazer, sem qualquer outro objetivo a não ser nos divertir.

No começo daquele mês, o lago Tahoe fora coberto por vários palmos de neve leve e fofa formada a partir do ar enregelado. A tempestade que caiu em meados de fevereiro foi diferente. Quente — mal chegando ao ponto de congelamento — e poderosa, ela havia deixado um metro de neve pesada e úmida.

Na hora, ninguém pensou nisso, mas a combinação de neve pesada sobre neve fofa produz as condições típicas para avalanches. Uma base de neve leve com uma camada pesada por cima é incrivelmente frágil e propensa a deslizamentos.

Nesse tipo de situação, as estações de esqui tomam providências bastante eficazes para proteger os clientes, fechando as rampas mais perigosas e usando explosivos para deliberadamente desencadear avalanches no meio da noite, antes que as pessoas cheguem pela manhã.

Mas, se você resolver esquiar numa área não permitida — passando sob as cordas de proteção com a advertência NÃO ULTRAPASSE a fim de chegar a um terreno proibido e intocado —, tais medidas serão de pouca ajuda.

Na manhã do dia 21 de fevereiro de 2001, Brendan, Bryan e eu nos encontramos no vestiário da equipe de Squaw Valley, como tínhamos feito centenas de vezes no passado. As últimas palavras de Bryan ao deixar sua casa naquela manhã foram: "Não se preocupe, mãe, a gente não vai esquiar onde não for permitido".

Mas, assim que encaixamos os esquis nos pés, foi exatamente o que fizemos.

———

A parte de trás da estação de Squaw Valley (atualmente chamada Palisades Tahoe), atrás do teleférico KT-22, é uma faixa de montanha com cerca de um quilômetro e meio de extensão separando Squaw da estação de Alpine Meadows.

Trata-se de um lugar fantástico para esquiar — um terreno ondulado, íngreme e muito amplo.

Antes de 21 de fevereiro, eu havia esquiado ali talvez uma dezena de vezes. Não era um dos nossos pontos frequentes, porque demandava tempo demais. Ao final da rampa, chegava-se a uma estradinha remota de onde era preciso pegar carona para voltar ao vestiário.

Foi nesse local que Brendan, Bryan e eu resolvemos esquiar naquela manhã.

Poucos segundos depois de passarmos sob as cordas de proteção, fomos pegos numa avalanche.

Eu nunca tinha estado numa avalanche antes, e a experiência foi inesquecível. Não escutei nem vi o deslizamento. Apenas me dei conta de repente de que meus esquis não estavam mais tocando o solo — eu flutuava literalmente numa nuvem de neve. Em situações como essa, não há nenhum tipo de controle possível: não é você que toma impulso na neve usando os esquis, mas a neve que impulsiona você. A única coisa a fazer é tentar manter o equilíbrio para não cair.

Foi uma avalanche pequena, terminou rapidamente.

"Viram a avalanche?", lembro-me de dizer ao chegarmos à estrada.

"Haha, foi demais!", exclamou Brendan.

E não voltamos a falar sobre o assunto enquanto aguardávamos uma carona para voltar ao vestiário.

———

Quando chegamos a Squaw, Brendan e Bryan disseram que iriam descer a rampa outra vez.

Não sei por quê, mas preferi não ir.

Dei uma ideia, porém. Enquanto eles fossem esquiar, eu pegaria o carro e contornaria a montanha, para que eles não precisassem esperar por uma carona.

Depois de tudo combinado, nos separamos.

Meia hora depois, cheguei ao ponto da estrada onde ficara de pegar Brendan e Bryan.

Mas eles não estavam lá.

Esperei mais meia hora e desisti. Descer a encosta levava cerca de um minuto, por isso eu sabia que eles não viriam mais. Imaginei que haviam chegado antes de mim e arranjado uma carona.

Voltei ao vestiário, imaginando encontrá-los. Mas eles também não estavam lá. Saí para perguntar. Ninguém os tinha visto.

Mais tarde, por volta das quatro, a mãe de Bryan me ligou, quando eu já estava em casa. Lembro-me de cada palavra.

"Oi, Morgan, Bryan não foi trabalhar hoje. Você sabe onde ele está?", ela perguntou.

Contei-lhe a verdade. "A gente foi esquiar atrás do KT-22 hoje de manhã. Ele e Brendan voltaram para descer de novo, e eu combinei de pegá-los na estrada. Mas eles não estavam lá, e não nos vimos mais depois disso."

"Ai, meu Deus", ela disse. *Click*.

A mãe de Bryan era uma esquiadora veterana. Acho que nesse momento deduziu o que tinha acontecido. Eu também.

As horas passaram lentamente e todo mundo começou a ficar preocupado.

Então, alguém chamou a polícia para registrar o desaparecimento. A polícia não levou a coisa muito a sério, e sugeriu que Brendan e Bryan provavelmente haviam dado uma escapada para se divertir em algum lugar.

Eu sabia que não. "Os tênis deles ainda estão aqui", falei, apontando os calçados de Brendan e Bryan no chão do vestiário. "Isso quer dizer que eles ainda estão com as botas de esqui. E são nove da noite. Pensem nisso. São nove da noite e eles ainda estão com as botas de esqui." Nesse momento, todos se entreolharam e perceberam a gravidade da situação.

Por volta das dez, fui instruído a procurar o Departamento de Bombeiros de Squaw Valley, onde falei com a equipe de busca e resgate.

Expliquei a eles tudo que Brendan, Bryan e eu havíamos feito naquele dia. A equipe de busca apareceu então com um desses mapas gigantes que provavelmente são fotografados de helicópteros. Mostrei exatamente o ponto por onde havíamos entrado na área proibida.

Contei-lhes sobre a pequena avalanche daquela manhã. Mal mencionei isso, pude perceber as peças se encaixando na cabeça dos homens. Lembro que, assim que terminei de falar, dois deles se entreolharam e suspiraram.

No meio da noite, com holofotes gigantes e cães de busca, a equipe de resgate saiu à procura de Brendan e Bryan.

Mais tarde fiquei sabendo que, nem bem eles entraram na área, encontraram as marcas recentes de uma avalanche, a encosta coberta de detritos. Era imensa, "como se metade da montanha tivesse sido arrancada", afirmou um dos bombeiros.

Por volta da meia-noite, regressei ao vestiário. No estacionamento de Squaw Valley há vagas para milhares de carros. Agora, porém, ele estava praticamente vazio. Todos os esquiadores tinham ido embora, e só restavam ali dois carros: o Jeep de Brendan e a picape Chevy de Bryan.

———

Tentei dormir em um banco do vestiário, mas era impossível pregar os olhos. Lembro-me de imaginar que Brendan e Bryan entrariam alegremente pela porta a qualquer momento, e que daríamos risada da vez em que eu havia chamado a polícia para encontrá-los.

Às nove da manhã, o vestiário estava cheio de esquiadores, pais, amigos e familiares, todos ansiosos por ajudar. O local virou uma base para as buscas.

Recostei no banco e finalmente peguei no sono.

Minutos depois, acordei ao som de gritos, gemidos e comoção.

Eu soube na hora o que era. Ninguém precisava me dizer.

Subi ao andar de cima e encontrei a mãe de Bryan em um sofá. Os gritos haviam partido dela.

"Sinto muito", falei, chorando.

É difícil descrever um momento como esse. Eu não sabia o que dizer na época, e continuo sem saber o que dizer hoje.

Os cães farejadores haviam se concentrado em um ponto na área da avalanche onde as varas de sondagem da equipe de resgate encontraram os corpos de Brendan e Bryan soterrados sob dois metros de neve.

Eles haviam nascido com um dia de diferença e morreram a três metros um do outro.

———

Mais tarde, nesse mesmo dia, fui até o trabalho do meu pai. Queria estar perto da minha família. Ele foi ao meu encontro no estacionamento e disse: "Nunca fiquei tão feliz de ver você". Foi a única vez na vida em que o vi chorar.

Só então me ocorreu como estivera perto de ter o mesmo destino de Brendan e Bryan.

Em seguida comecei a me perguntar: por que desci a encosta com eles naquela manhã e depois me recusei a voltar, numa decisão que muito provavelmente salvou minha vida?

Pensei nisso milhões de vezes. Não faço ideia.

Não faço ideia.

Não há explicação.

Eu não havia pensado muito a respeito nem calculado os riscos, muito menos consultado algum especialista ou pesado os prós e os contras.

Foi tudo fruto do acaso, um golpe de sorte que se transformou na decisão mais importante da minha vida — muito mais do que qualquer outra decisão intencional que eu já tenha tomado ou venha a tomar algum dia.

Esta é a minha história pessoal, e talvez você tenha uma parecida na sua vida. Mas, se você olhar com atenção, acho que irá perceber que em boa parte da história humana acontece a mesma coisa.

Deixe-me dar três exemplos bizarros de como o mundo atual depende de coisas minúsculas sobre as quais nunca pensamos.

———

A Batalha de Long Island foi desastrosa para o exército de George Washington. Dezenas de milhares de soldados foram esmagados pelos britânicos e sua frota de quatrocentos navios.

Mas poderia ter sido muito pior. Poderia ter sido o fim da Guerra de Independência dos Estados Unidos.

Tudo o que os britânicos precisavam fazer era subir o rio East, e as tropas encurraladas de Washington teriam sido aniquiladas.

Mas isso nunca aconteceu, pois o vento não soprava na direção certa e subir o rio tornou-se impossível.

O historiador David McCullough contou certa vez ao entrevistador Charlie Rose que, "se na noite de 28 de agosto [de 1776] o vento estivesse soprando na outra direção, creio que estaria tudo acabado".[2]

"Se isso tivesse acontecido, não haveria Estados Unidos?", perguntou Rose.

"Acho que não", respondeu McCullough.

"Quer dizer que a história mudou apenas por causa do vento?", insistiu Rose.

"Exatamente", disse McCullough.

———

Compelido a economizar, o capitão William Turner desligou a quarta sala de caldeiras de seu gigantesco navio a vapor ao realizar o trajeto de Nova York a Liverpool.[3] A decisão atrasaria a viagem em um dia, o que seria um aborrecimento, mas a economia valia a pena, uma vez que a indústria naval de passageiros enfrentava dificuldades financeiras.

Ele não imaginava (ninguém imaginava) como essa decisão seria fatídica.

O atraso fez a embarcação de Turner, o *Lusitania*, navegar diretamente ao encontro de um submarino alemão.

Um torpedo atingiu então o navio, matando quase 1200 pessoas, e o episódio serviu como o principal catalisador do apoio da opinião pública americana à participação do país na Primeira Guerra Mundial.

Se a quarta sala de caldeiras do *Lusitania* estivesse funcionando, Turner teria chegado a Liverpool um dia antes de o submarino alemão entrar no mar Celta e cruzar seu caminho. O ataque provavelmente teria sido evitado, assim como, possivelmente, a entrada do país numa guerra que se tornou um evento seminal do século XX.

———

Giuseppe Zangara era um homem baixo, de pouco mais de um metro e meio de altura. Precisou subir em uma cadeira num comício em Miami em 1933, porque era a única forma de conseguir fazer mira com sua arma acima da multidão.

Ele disparou cinco tiros.[4] Um deles atingiu o prefeito de Chicago, Anton Cermak, que apertava as mãos do alvo pretendido por Zangara. Cermak morreu. O alvo do atentado, Franklin Delano Roosevelt, tomou posse como presidente dos Estados Unidos duas semanas depois.[5]

Poucos meses depois, Roosevelt transformou a economia americana com o New Deal. John Nance Garner — que teria se tornado presidente caso Zangara acertasse o alvo — era contra a maioria dos gastos deficitários do programa, e é quase certo que não teria implementado muitas de suas políticas, algumas das quais seguem moldando a economia.

———

Podemos ficar nessa brincadeira o dia inteiro. Qualquer episódio importante poderia ter transcorrido de forma diferente se alguns pequenos fatos irrisórios houvessem tomado outro rumo.

Tanta coisa no mundo pende por um fio.

Uma das ironias de estudar a história é que muitas vezes sabemos exatamente como as coisas terminam, mas não fazemos nenhuma ideia de como começaram.

Eis um exemplo: o que causou a crise financeira de 2008? Bom, para isso é preciso compreender o mercado de hipotecas.

O que moldou o mercado de hipotecas? Bom, para isso é preciso compreender o contexto que o precedeu, de trinta anos de queda nas taxas de juros.

O que causou a queda nas taxas de juros? Bom, para isso é preciso compreender a inflação da década de 1970.

O que causou a inflação? Bom, para isso é preciso compreender o sistema monetário da década de 1970 e os efeitos da ressaca da Guerra do Vietnã.

O que causou a Guerra do Vietnã? Bom, para isso é preciso compreender o medo do comunismo no Ocidente após a Segunda Guerra Mundial... e assim por diante, infinitamente.

———

Qualquer evento atual, grande ou pequeno, tem pais, avós, bisavós, irmãos e primos. Ignorar essa árvore genealógica pode turvar nossa compreensão dos fatos, criando uma falsa impressão sobre o motivo pelo qual as coisas aconteceram, quanto tempo poderiam durar e sob que circunstâncias voltariam a ocorrer. Enxergar os eventos isoladamente, sem apreciar suas raízes profundas, ajuda a explicar desde a dificuldade em fazer previsões até o caráter detestável da política.

As pessoas costumam dizer: "Para saber aonde vamos é preciso saber onde estivemos". Mais realista, porém, seria admitir que, se soubermos onde estivemos, perceberemos que não fazemos ideia de para onde vamos. Os eventos se combinam de formas inexplicáveis.

Em um mundo vulnerável assim ao acaso e aos acidentes, procuro ter duas coisas em mente.

Uma é destacar a premissa deste livro: fazer previsões com base no comportamento humano, e não em eventos específicos. É impossível saber como estará o mundo daqui a cinquenta anos. Mas eu apostaria que as pessoas continuarão reagindo da mesma forma à ganância, ao medo, à oportunidade, à exploração, ao risco, à incerteza, às afiliações tribais e à persuasão.

Antecipar os eventos é complicado porque ignoramos facilmente a questão: "Mas e depois?".

Afirmar que "a elevação do preço da gasolina vai fazer todo mundo andar menos de carro" parece lógico.

Mas e depois?

Bom, as pessoas precisam dirigir, então talvez procurem veículos mais eficientes em termos de consumo de combustível. Elas se queixarão com os políticos, que oferecerão isenções fiscais para a compra de tais veículos. A Opep é instada a perfurar mais; os empreendedores do setor de energia inovam. E a indústria do petróleo vive dois cenários: expansão e recessão. Assim, provavelmente, as torres irão jorrar demais. Então os preços caem, ao mesmo tempo que as pessoas adquirem veículos mais eficientes. Ou talvez os subúrbios fiquem mais populares — e as pessoas acabem dirigindo até mais do que antes.

Vai saber.

Cada evento gera sua prole, que impacta o mundo a seu próprio modo. Isso faz das previsões algo excepcionalmente difícil. O absurdo das conexões passadas deveria servir para moderar sua confiança na previsão de conexões futuras.

A segunda coisa a ter em mente é uma imaginação mais ampla. Não importa que cara o mundo tem hoje nem aquilo que hoje parece ser óbvio, amanhã tudo pode mudar devido a um acidente minúsculo em que ninguém pensou. Os eventos, como o dinheiro, vão se acumulando numa composição. E a principal característica dessa composição é que ela jamais nos permite intuir até que ponto uma coisa que começa pequena pode crescer.

A seguir, compartilho mais uma velha história para ilustrar como é fácil ignorar os riscos.

Risco é o que não enxergamos

Somos muito bons em prever o futuro, exceto pelas surpresas — que tendem a ser tudo o que importa.

Todo mundo sabe perfeitamente que as pessoas são péssimas em prever o futuro.

Mas isso deixa escapar uma importante nuance: somos muito bons em prever o futuro, exceto pelas surpresas — que tendem a ser tudo o que importa.

O maior risco é sempre um evento que ninguém antecipa, porque se não o antecipamos não estamos preparados para ele; e, se ninguém está preparado para ele, os prejuízos serão muito maiores quando ele chegar.

Eis uma breve história sobre um sujeito que aprendeu isso da forma mais difícil.

———

Antes de se lançar ao espaço a bordo de foguetes, os astronautas da Nasa realizaram testes em balões de ar quente a altas altitudes.

Um voo de balão no dia 4 de maio de 1961 levou o americano

Victor Prather e outro piloto a quase 35 mil metros de altura, tocando no limiar do espaço. O objetivo era testar o novo traje espacial da Nasa.

O voo foi um sucesso. O traje funcionou às mil maravilhas.

Enquanto o balão descia, já em baixa altitude, Prather decidiu abrir o visor do capacete, ao que parece pensando em tomar um pouco de ar fresco.[1]

Ele pousou no oceano como planejado, à espera do helicóptero que o içaria. Mas houve um pequeno contratempo: no momento em que conectava o balão ao cabo do helicóptero, Prather escorregou e caiu no mar.[2]

Isso não deveria ser nenhum problema, e ninguém no helicóptero de resgate entrou em pânico. O traje espacial era à prova d'água e flutuava.

Mas, como Prather abrira o visor, ficara exposto. A água entrou no traje e ele se afogou.

Pense em quanto planejamento é necessário para lançar alguém ao espaço. Quanto conhecimento, quantas contingências. Quantas conjecturas e precauções. Cada detalhe é contemplado por milhares de especialistas. Provavelmente nunca existiu uma organização mais centrada no planejamento do que a Nasa; ninguém vai para a Lua cruzando os dedos e torcendo pelo melhor. Todo risco concebível tem um plano A, um plano B e um plano C.

Mas, ainda assim — a despeito de todo o planejamento —, um pequeno detalhe que ninguém havia considerado se revelou um convite à catástrofe.

Como afirma o consultor financeiro Carl Richards, "risco é o que sobra depois que você acredita ter pensado em tudo".[3]

Eis a verdadeira definição de risco: o que sobra depois que nos preparamos para os riscos que conseguimos imaginar.

Risco é o que não enxergamos.

Vejamos alguns exemplos de notícias de grande impacto: covid-19, Onze de Setembro, Pearl Harbor, Grande Depressão. A característica em comum desses eventos não é necessariamente terem sido grandes e sim provocado surpresa, tendo escapado ao radar de praticamente todo mundo até acontecerem.

Dificilmente poderíamos formular melhor lei econômica do que "Depois da alta vem a baixa". Basta estudar um pouco de história e as calamidades que se seguiram ao crescimento dos anos 1920, do fim da década de 1990 e da virada do milênio parecem mais do que óbvias. Parecem inevitáveis.

Em outubro de 1929 — auge da bolha financeira mais absurda da história e às vésperas da Grande Depressão —, o economista Irving Fisher afirmou a uma plateia que "os preços das ações atingiram o que parece ser um patamar permanentemente alto".[4]

Vendo esse comentário hoje, achamos graça. Como um sujeito tão inteligente pôde ser tão cego para algo tão inevitável? Se seguirmos a regra de quanto mais descontrolado o crescimento, pior a recessão, a Grande Depressão deveria ter sido óbvia.

Mas Fisher era um cara inteligente. E não estava sozinho.

Em uma entrevista anos atrás, perguntei a Robert Shiller, vencedor do prêmio Nobel por seu trabalho com bolhas financeiras, sobre a inevitabilidade da Grande Depressão. Ele respondeu:

> Bom, ninguém previu. Zero. Ninguém. Claro que alguns diziam que o mercado de ações estava inflacionado. Mas isso significava que havia uma depressão a caminho? Uma depressão de uma década? Ninguém afirmou isso.
>
> Pedi a alguns historiadores da economia para mencionar o nome de alguém que tivesse previsto a depressão, e o resultado foi zero.[5]

Isso não saiu da minha cabeça. Eis-nos aqui atualmente, desfrutando da visão em retrospecto, sabendo que a quebra após os vibrantes anos 1920 era óbvia e inevitável. Mas, para os que vivenciaram o período — pessoas para as quais a década de 1930 era um futuro ainda por ser descortinado —, ela foi tudo menos isso.

Duas coisas podem explicar algo que parece inevitável mas não foi previsto por quem viveu na época:

- Ou todos no passado eram ofuscados pela ilusão.
- Ou todos no presente se iludem com a visão em retrospecto.

Somos loucos de achar que só a primeira é verdadeira.

A *Economist* — uma revista que admiro — publica todo mês de janeiro uma previsão do ano. O número de janeiro de 2020 não menciona uma palavra sobre a covid-19. Seu número de janeiro de 2022 não menciona uma palavra sobre a invasão russa da Ucrânia.

Isso não é uma crítica: em ambos os casos, foram eventos impossíveis de antecipar no momento em que as edições foram planejadas, nos meses anteriores à publicação.

Mas essa é a questão: as maiores notícias, os maiores riscos, os eventos mais significativos são sempre os que não esperamos.

Em outras palavras: a incerteza econômica raramente é maior ou menor; o que muda é apenas o grau de ignorância das pessoas em relação aos potenciais riscos. Perguntar quais são os maiores riscos é como perguntar o que você espera que irá surpreendê-lo. Se tivéssemos conhecimento disso, faríamos algo a respeito e os tornaríamos menos arriscados. Os maiores perigos são aqueles que a imaginação é incapaz de conceber, e é por isso que o risco não pode jamais ser dominado.

Posso garantir que as coisas vão continuar assim no futuro. O maior risco e a notícia mais importante dos próximos dez anos serão algo sobre o qual ninguém está falando hoje. Não importa em que ano você esteja lendo este livro, essa verdade permanecerá. Posso dizê-lo com confiança porque sempre foi assim. Nossa incapacidade de prever as coisas é justamente o que as torna arriscadas.

Até para algo tão imenso quanto a Grande Depressão, muitos permaneceram cegos diante do que estava acontecendo, mesmo com o processo já bem encaminhado.

A Depressão, como sabemos hoje, começou em 1929. Mas, quando consultados em 1930 sobre o que consideravam ser o maior problema dos Estados Unidos, os bem informados membros da Liga Econômica Nacional citaram, nesta ordem:[6]

1. Administração da Justiça
2. Lei Seca
3. Desrespeito à lei
4. Crime
5. Aplicação da lei
6. Paz mundial

E em *18º lugar*... desemprego.

Um ano depois, em 1931 — dois anos após o início do que hoje chamamos de Grande Depressão —, o desemprego subira para o quarto lugar apenas, atrás da Lei Seca, da administração da Justiça e da aplicação da lei.

Foi isso que tornou a Grande Depressão tão pavorosa: ninguém estava preparado para ela porque ninguém a esperava. Assim, foi difícil para as pessoas lidarem com ela tanto em termos financeiros (pagando suas dívidas) quanto em termos psicológicos (o choque e a tristeza da perda súbita).

Grande parte dessa ideia reside em aceitar quão limitada pode ser nossa visão do que acontece no mundo.

Em 1941, durante a inauguração de sua biblioteca presidencial, Franklin Delano Roosevelt olhou para as prateleiras e riu. Um repórter perguntou qual era a graça. "Estou pensando em todos os historiadores que virão aqui em busca de respostas para suas perguntas", disse ele.[7]

Há tanta coisa que não sabemos. E não apenas sobre o futuro, mas também sobre o passado.

A história conhece três coisas: 1) o que foi fotografado, 2) o que alguém escreveu ou registrou e 3) as palavras ditas por aqueles que os historiadores e jornalistas quiseram entrevistar (e que concordaram em ser entrevistados).

Qual porcentagem de tudo importante que já aconteceu se enquadra numa dessas três categorias? Ninguém sabe. Mas é minúscula. E todas as três sofrem de interpretação equivocada, incompletude, maquiagem, mentiras e memória seletiva.

Quando nossa perspectiva sobre o que acontece e aconteceu no mundo é limitada desse jeito, subestimamos facilmente o que não sabemos, as demais coisas acontecendo no momento e o que poderia dar errado e não estamos sequer imaginando.

Pense numa criança feliz, alegremente entretida com seus brinquedos, sorrindo ao sol que banha seu rosto.

Na cabeça dela, está tudo ótimo. A seu ver, o mundo começa e termina no ambiente imediato — tem a mamãe por perto, o papai também, os brinquedos à mão, a barriguinha cheia. Até onde ela sabe, a vida é perfeita. Ela dispõe de toda informação de que precisa.

As coisas de que não faz ideia são incalculavelmente maiores. Na mente de uma criança de três anos, um conceito como geopolítica é simplesmente inimaginável. A ideia de que a elevação das taxas de juros prejudica a economia, os motivos que levam alguém a precisar de um salário, o que significa uma carreira e até mesmo os riscos do câncer estão todos bem longe dos olhos e do coração.

Como afirma o psicólogo Daniel Kahneman, "a ideia de que as coisas que não enxergamos possam refutar tudo aquilo em que acreditamos simplesmente não nos ocorre".

O mais louco é que os adultos são igualmente cegos para o que acontece no mundo.

Há um vídeo perturbador de um noticiário local de Nova York na manhã de 11 de setembro de 2001, minutos antes dos ataques terroristas. Começa assim:

> Bom dia, são oito horas da manhã e a temperatura é de dezoito graus. Terça-feira, 11 de setembro. [...] Vai fazer um belo dia de muito sol em toda a cidade. Um esplêndido dia de setembro, sem dúvida. A temperatura à tarde será de 27 graus...[8]

O risco era o que eles não esperavam.

Por definição, não há muito que possamos fazer a respeito. É uma dessas coisas que simplesmente são o que são.

É impossível se precaver contra algo que não somos capazes de imaginar, e, quanto mais acharmos que já imaginamos tudo, maior será o nosso choque diante de uma situação que não consideramos.

Mas duas coisas podem nos pôr numa direção mais útil.

Primeiro, pense no risco da mesma forma que o estado da Califórnia pensa nos terremotos. Eles sabem que um dos grandes vai acontecer, mas não exatamente quando, onde ou em que grau. As equipes de emergência permanecem a postos a despeito de não haver nenhuma previsão específica. Os edifícios são projetados para suportar terremotos que podem demorar ainda um século ou mais para ocorrer. Nassim Taleb afirma: "Invista em se preparar, não em prever".[9] Isso vai ao âmago da questão.

O risco é um perigo quando pensamos que exige uma previsão específica antes de começarmos a nos preparar para ele. É melhor ter expectativas de que o risco chegará, embora não se possa saber quando ou onde, do que se fiar exclusivamente em previsões — em geral absurdos completos ou comentários sobre fatos bem conhecidos. Expectativa e previsão são coisas diferentes, e, num mundo onde o risco é o que não enxergamos, a primeira é mais valiosa.

Segundo, perceba que, se estiver se preparando apenas para os riscos que consegue conceber, você sempre estará despreparado para os que não é capaz de enxergar. Assim, nas finanças pessoais, a quantidade certa de poupança é quando nos parece ser um pouco demais — quando parece excessiva, quando nos traz um ligeiro estremecimento.

O mesmo vale para a quantidade de dívidas que você acha que é capaz de administrar — seja qual for a quantia que você imagina, na realidade ela é provavelmente um pouco menor. Sua preparação não deveria fazer sentido em um mundo no qual os maiores eventos históricos teriam soado absurdos antes de acontecerem.

Na maior parte das situações, quando alguém é pego desprevenido, não é por falta de planejamento. Às vezes os planejadores mais inteligentes do mundo, mesmo trabalhando incansavelmente, mapeando todos os cenários imagináveis, acabam por fracassar. Eles se planejaram para tudo que fazia sentido antes de serem atingidos por algo que jamais teriam imaginado.

———

Em seus espetáculos, Harry Houdini costumava convidar o homem mais forte da plateia a subir ao palco para dar o soco mais forte que conseguisse em sua barriga.

Houdini era um boxeador amador e dizia ao público ser capaz de aguentar o soco de qualquer homem praticamente sem piscar.

O truque combinava com aquilo que as pessoas adoravam em seus números: a ideia de que seu corpo pudesse sobrepujar a física.

Após uma apresentação, em 1926, Houdini convidou um grupo de estudantes aos bastidores para conhecê-lo. Então um deles, chamado Gordon Whitehead, aproximou-se sem aviso e desferiu vários socos em sua barriga.

Ele não pretendia machucar Houdini. Apenas achou que reproduzia o desafio que acabara de ver o ilusionista realizar.

Mas Houdini não tinha se preparado como fazia no palco, onde flexionava o plexo solar, firmava a postura e prendia a respiração. Whitehead pegou-o desprevenido.

No dia seguinte, Houdini acordou dobrando-se de dor. Seu apêndice rompera, muito provavelmente devido aos socos de Whitehead.

E foi assim que Houdini morreu.

Talvez nunca tenha havido em toda a história alguém com maior talento para sobreviver a grandes riscos. Preso por correntes e atirado em um rio? Sem problema. Enterrado vivo? Brincadeira de criança. Houdini podia escapar em segundos, pois sempre tinha um plano. Mas ser golpeado por alguém sem estar preparado? Esse era o maior risco.

O que não antecipamos sempre é.

A seguir, falemos sobre nossas expectativas e sobre a tragédia de uma vida na qual quase tudo melhora, mas a felicidade não chega a lugar algum.

Expectativas e realidade

A primeira regra da felicidade é baixar as expectativas.

Sua felicidade depende mais de suas expectativas do que de qualquer outra coisa. Assim, em um mundo que tende a melhorar para a maioria das pessoas na maior parte do tempo, uma importante habilidade na vida é assegurar que as metas não sejam reajustadas para cima o tempo todo. É também uma das mais difíceis.

Uma narrativa comum da história é a seguinte: as coisas melhoram, a riqueza cresce, a tecnologia traz eficiência e a medicina salva vidas. A qualidade de vida aumenta. Mas então as expectativas das pessoas aumentam na mesma medida, quando não mais, porque essas melhorias também beneficiam aqueles à nossa volta, em cujas realidades baseamos as nossas. A felicidade muda pouco, a despeito de o mundo melhorar.

Sempre foi assim. Montesquieu escreveu há 275 anos: "Se apenas desejássemos ser felizes, isso não seria difícil. Mas queremos ser mais felizes do que os outros, e isso é quase sempre difícil, pois acreditamos que os outros são mais felizes do que realmente são".

John D. Rockefeller nunca dispôs de penicilina, filtro solar ou analgésicos. Mas não podemos afirmar que um americano de baixa renda que disponha de analgésicos e filtro solar hoje esteja melhor do que Rockefeller em seu tempo, porque não é assim que nosso raciocínio funciona. Avaliamos nosso bem-estar em comparação ao dos outros, e os luxos se tornam necessidades num intervalo de tempo extraordinariamente curto quando aqueles à nossa volta melhoram de vida.

O investidor Charlie Munger observou certa vez que o mundo não é movido pela ganância, mas pela inveja.

Explico em seguida o que ele quer dizer com isso contando uma breve história sobre os anos 1950.

———

"O presente e o futuro imediato parecem espantosamente bons", começava a matéria de capa da revista *Life* de janeiro de 1953.[1]

"O país acaba de atravessar o melhor ano de sua história em termos econômicos", prosseguia. Isso fora conseguido com

> dez anos consecutivos de pleno emprego, graças a iniciativas que promoveram um reconhecimento cada vez maior de que o trabalhador que realiza seu trabalho sob condições salutares, agradáveis e é bem remunerado é um profissional valioso.[2]

A riqueza veio tão rápido para tanta gente que foi chocante. "Na década de 1930, minha preocupação era se teria algo para comer", afirmou um taxista à *Life*. "Hoje em dia, é se vou encontrar vaga para estacionar."

Se essas citações não o surpreendem, é porque a década de 1950 costuma ser lembrada como a era dourada da prosperidade da classe média. Pergunte a qualquer americano em que momento o país esteve no auge e essa década sem dúvida estará entre as mais citadas. E quanto a hoje? Mundos diferentes, sem comparação. O sentimento dominante é: naquela época era melhor.

Existe uma visão nostálgica muito comum sobre a típica vida nos Estados Unidos na década de 1950. O analista geopolítico George Friedman certa vez resumiu:

> Nas décadas de 1950 e 1960, a renda média permitia que uma família de até três filhos fosse sustentada por um único provedor — normalmente o marido, sendo a esposa encarregada das tarefas domésticas. Permitia comprar uma casinha modesta no subúrbio, um carro do ano e outro mais velho. Permitia viajar com a família nas férias e, com cuidado, também poupar um pouco.[3]

Essa versão do estilo de vida da década de 1950 é verdadeira no sentido de que a família americana média de fato tinha três filhos, um cachorro, um marido encarregado do ganha-pão que trabalhava como operário, e assim por diante.

Mas a ideia de que ela estava em situação melhor do que hoje em dia — de que usufruísse de maior prosperidade e segurança, seja qual for o critério de medição — é fácil de desmistificar.

A renda anual da família americana média, ajustada para a inflação,[4] era de 29 mil dólares em 1955.[5] Em 1965, de 42 mil dólares. Em 2021, de 70 784 dólares.

A *Life* descreveu a década de 1950 como próspera de uma maneira que teria parecido inacreditável para alguém vivendo na década de 1920. O mesmo vale para os dias atuais — uma família da década de 1950 teria achado incompreensível seus netos ganharem mais do que o dobro do que eles próprios haviam ganhado.

E a renda mais alta não decorreu de um aumento nas horas trabalhadas, tampouco inteiramente ao fato de as mulheres terem ingressado em grande número na força de trabalho. O salário médio por hora, ajustado à inflação, é quase 50% maior hoje do que em 1955.[6]

Algumas das preocupações econômicas atuais teriam deixado uma família da década de 1950 perplexa.

A proporção de proprietários de imóvel era doze pontos percentuais mais baixa em 1950 do que hoje.[7]

O domicílio médio era um terço menor do que atualmente, embora abrigasse mais moradores.[8]

A alimentação consumia 29% do orçamento doméstico em 1950, comparado a 13% hoje.[9]

A mortalidade no local de trabalho era três vezes mais elevada do que hoje.[10]

É desse período econômico que sentimos saudade?

É. E é importante compreender por quê.

———

Ben Ferencz teve uma infância difícil. Seu pai, um imigrante, não falava inglês, não encontrava emprego e se estabeleceu numa área da cidade de Nova York controlada pela máfia italiana, onde a violência era parte da vida cotidiana.

Mas Ferencz afirma que nada disso incomodava seus pais. Eles estavam empolgados.[11] Ele recorda: "Era uma vida dura, mas eles não sabiam disso, porque vinham de uma vida mais dura ainda. Então, apesar de tudo, era uma melhoria".

Os Ferencz fugiram da Romênia para escapar da perseguição aos judeus durante o Holocausto. A família chegou aos Estados Unidos em pleno inverno no convés aberto de um navio, quase morrendo de frio. Ferencz mais tarde se tornou advogado e processou criminosos de guerra nazistas no julgamento de Nuremberg, e era uma das pessoas mais felizes que já conheci.

É impressionante como as expectativas podem alterar a forma como interpretamos as circunstâncias.

Tenho um amigo africano que cresceu na mais profunda pobreza e hoje trabalha com tecnologia na Califórnia. Ele diz que até hoje fica admirado toda vez que come uma refeição quente. A seu ver, é espantoso como a comida é abundante nos Estados Unidos. E isto para mim parece surpreendente: ele extrai imenso prazer de algo a respeito do qual mal penso.

Em 2007, o *New York Times* entrevistou Gary Kremen, fundador do Match.com.[12] Na época, Kremen tinha 43 anos e um patrimônio de 10 milhões de dólares. Isso o situava na metade superior do 1% mais rico do país, e provavelmente entre os primeiros mil do 1% mais rico do mundo. No Vale do Silício, porém, ele era apenas mais um. "Aqui, com 10 milhões, você é um zé-ninguém", disse ele. O jornalista escreveu: "Ele trabalha de sessenta a oitenta horas semanais porque acha que não tem dinheiro suficiente para relaxar".

Não existe riqueza objetiva — tudo é relativo, especialmente em relação aos que nos cercam. Determinar nosso merecimento na vida e o que deveríamos esperar é o caminho da menor resistência. Todo mundo é assim. Subconscientemente ou não, todo mundo olha em volta e diz: "O que outros como eu possuem? O que fazem? Acho que eu deveria ter e fazer a mesma coisa".

Acredito que essa seja uma janela para compreendermos por que sentimos nostalgia dos anos 1950, a despeito de a vida hoje ser melhor sob praticamente qualquer parâmetro.

———

O dinheiro compra felicidade da mesma forma que as drogas trazem prazer: pode ser incrível se bem utilizado, perigoso quando serve para mascarar uma fraqueza e desastroso quando não há quantidade que baste.

O que a década de 1950 teve de tão único foi a capacidade das pessoas de encontrar equilíbrio financeiro de uma maneira que antes e desde então parecia ilusória.

A Segunda Guerra Mundial deixou uma marca socioeconômica nos Estados Unidos. Entre 1942 e 1945, praticamente todos os salários eram determinados pelo Conselho Nacional do Trabalho de Guerra, o que favorecia uma remuneração mais equitativa, diminuindo a defasagem entre os trabalhadores de baixa renda e os de renda elevada.

Parte dessa filosofia continuou em vigor mesmo após os controles de salário serem suspensos. A variação de renda entre as classes em relação ao período anterior à guerra encolheu dramaticamente. O historiador Frederick Lewis Allen observou no pós-guerra que os maiores ganhos econômicos em termos de porcentagem haviam ido para os que ganhavam menos, reduzindo consideravelmente o abismo entre ricos e pobres na sociedade.

Se olharmos para a década de 1950 e nos perguntarmos o que ela teve de diferente para parecer tão sensacional, eis aqui ao menos parte da resposta: naquela época, a disparidade entre você e a maioria das pessoas a sua volta não era tão grande.

Durante esse período, foi fácil manter as expectativas sob controle, porque poucas pessoas em seu círculo social tinham um padrão de vida muito superior ao seu.

Muitos (mas não todos) americanos podiam olhar em torno e constatar que não só levavam vidas confortáveis como também mais ou menos tão confortáveis quanto as daqueles à sua volta, com quem se comparavam.

Esta é a única coisa que distingue a década de 1950 das demais.

Assim, os salários comparativamente mais baixos que os de hoje pareciam ótimos porque todos ganhavam salários modestos.

As casas menores pareciam ótimas porque todos moravam em casas pequenas.

A inexistência de um sistema de saúde era aceitável porque os vizinhos viviam nas mesmas circunstâncias.

Usar roupas de segunda mão era aceitável porque todo mundo fazia o mesmo.

Acampar parecia uma forma adequada de passar as férias porque era o que todos faziam.

Foi a única era moderna em que não houve demasiada pressão social para aumentar suas expectativas além dos seus rendimentos. O crescimento econômico se traduzia em felicidade direta. As pessoas não levavam uma vida melhor, apenas; *sentiam-se* melhor.

E isso durou pouco, claro.

No início da década de 1980, a fraternidade do pós-guerra que havia predominado nos anos 1950 e 1960 deu lugar a um crescimento mais estratificado, em que muitos labutavam arduamente enquanto poucos enriqueciam de forma exponencial. O glorioso estilo de vida de uma minoria inflou as aspirações da maioria.

Rockefeller nunca sentiu falta de analgésicos porque nunca soube que eles um dia existiriam. Hoje, no entanto, as mídias sociais acrescentam um elemento adicional ao problema, uma vez que todos podem observar o estilo de vida de todos — com frequência exagerado, fake e retocado. Você se compara aos outros segundo a imagem dourada que eles projetam da própria realidade, realçando os pontos positivos e disfarçando os negativos. O psicólogo Jonathan Haidt afirma que as pessoas usam as mídias sociais menos para se comunicar do que para se exibir. Vemos os carros que dirigem, as casas onde vivem, as escolas caras que frequentam. A possibilidade de dizermos "Quero tal coisa, por que não tenho isso? Por que ele tem e eu não?" é muito maior hoje do que era algumas gerações atrás.

A economia atual é boa em produzir três coisas: riqueza, capacidade de ostentar riqueza e muita inveja da riqueza alheia.

Em décadas recentes ficou muito mais fácil olhar em torno e pensar: "Talvez seja verdade que tenho muito mais do que tinha antes. Mas, comparado a fulano e beltrano, sinto que não estou prosperando tanto assim".

Parte dessa inveja é útil, pois dizer "Quero o que fulano tem" é uma tremenda motivação para o progresso.

Contudo, a questão permanece: podemos ter rendimentos maiores, mais riqueza e casas mais espaçosas — mas tudo isso é rapidamente sufocado pelas expectativas exageradas.

Isso não quer dizer que a década de 1950 tenha sido melhor, ou mais igualitária, nem sequer que devêssemos tentar reconstruir o antigo sistema — essa é uma outra questão.

Mas a nostalgia pela década de 1950 é um dos melhores exemplos do que acontece quando as expectativas se desenvolvem mais rápido do que as circunstâncias.

Em muitos aspectos, sempre foi assim, e sempre será. Ser impelido pelas coisas que os outros têm e você não tem é um comportamento inevitável da maioria.

E também serve para enfatizar como é importante administrar nossas expectativas se pretendermos levar uma vida feliz.

———

Os exemplos são tantos que desafiam a intuição.

O ator Will Smith escreveu em sua biografia que:[13]

- Ficar famoso é incrível.
- Ser famoso tem seus prós e contras.
- Deixar de ser famoso é deprimente.

A quantidade de fama faz pouca diferença. Ir de um zé-ninguém a um quase famoso cria uma imensa disparidade entre o que você esperava que sua vida fosse e o que ela se tornou — e o mesmo vale para o caminho inverso, rumo à obscuridade. Mas ser famoso apenas atende às expectativas.

A tenista Naomi Osaka afirmou ter chegado a um ponto em sua carreira em que vencer um torneio não lhe trazia felicidade alguma: "Era mais uma espécie de alívio", disse.[14]

Harry Truman — um comerciante fracassado, fazendeiro fracassado, minerador de zinco fracassado, perfurador de poços fracassado e senador com o rabo preso a empresários locais no Missouri — foi quase universalmente achincalhado ao assumir a presidência dos Estados Unidos após a morte de Roosevelt. "Estaríamos faltando com a franqueza neste grave momento se não admitíssemos a grande disparidade entre a experiência de Truman e as responsabilidades lançadas sobre seus ombros", disse o *Washington Post*.[15] "Para muitos, não era apenas que o maior de todos os homens tivesse perecido, mas que o menor de todos — ou, em todo caso, o menos provável dos homens — tivesse assumido seu lugar", escreveu David McCullough. Hoje, Truman é com frequência considerado pelos historiadores um dos dez melhores presidentes de todos os tempos, muitas vezes à frente de Roosevelt.

Creio que, ao menos em parte, isso se deva ao fato de as expectativas em relação às capacidades de Truman serem tão baixas que as eventuais qualidades de liderança exibidas por ele surpreenderam a todos. Um pequeno sucesso era uma vitória; um grande sucesso parecia um milagre.

As circunstâncias não fazem muita diferença nesses casos. O que produz a emoção é a grande discrepância entre as expectativas e a realidade.

Quando pensamos as coisas nesses termos, percebemos como as expectativas são poderosas. Elas podem fazer uma celebridade se sentir péssima e uma família carente se sentir ótima. É extraordinário. Todo mundo, em toda parte, o que quer que faça, está apenas em busca de algum espaço entre as expectativas e a realidade.

Mas é muito fácil não ver nada disso.

Peter Kaufman, diretor-executivo da Glenair e uma das pessoas mais inteligentes que existem por aí, escreveu certa vez:

> Tendemos a tomar todas as precauções para proteger nossos bens materiais porque sabemos quanto custam. Mas, ao mesmo tempo, negligenciamos coisas muito mais preciosas porque não vêm com uma etiqueta de preço: o verdadeiro valor de coisas como nossa visão, nossos relacionamentos ou nossa liberdade pode permanecer oculto por não envolver troca de dinheiro.

O mesmo se dá com as expectativas — que são fáceis de ignorar porque não vêm com uma etiqueta de preço.

Mas nossa felicidade depende inteiramente das expectativas.

A impressão de seu chefe sobre sua carreira depende delas.

A confiança do consumidor depende delas.

O que movimenta o mercado de ações depende delas.

Então por que prestamos tão pouca atenção a elas?

Investimos muito esforço para tentar melhorar nossos rendimentos, habilidades e capacidade de antever o futuro — o que é tudo muito louvável e merecedor de nossa atenção. Mas, por outro lado, negligenciamos quase completamente as expectativas, sobretudo quando se trata de administrá-las com o mesmo esforço que investimos para mudar nossas circunstâncias.

Imagine uma vida em que quase tudo melhora, mas você nunca a aprecia porque suas expectativas aumentam tão rapidamente quanto as circunstâncias mudam. É aterrorizante, e quase tão ruim quanto um mundo onde nada melhora.

"O senhor parece extremamente feliz e satisfeito. Qual o segredo para levar uma vida feliz?", perguntaram a Charlie Munger, então com 98 anos de idade.[16] Munger respondeu:

A primeira regra para uma vida feliz é baixar as expectativas. Se você tem expectativas irreais, vai se sentir miserável a vida inteira. É preciso ter expectativas razoáveis e aceitar com certa dose de estoicismo o que a vida lhe dá, tanto as coisas boas como as ruins, conforme ocorrem.

Meu amigo Brent tem uma teoria parecida em relação ao casamento: só funciona quando ambos querem ajudar um ao outro sem esperar nada em troca. Se os dois lados de um casal agirem assim, ficarão agradavelmente surpresos.

Esses pequenos conselhos são mais fáceis de dar do que de seguir. Costumo ter dificuldade para distinguir as altas expectativas da motivação. E ter expectativas baixas demais muitas vezes nos dá a sensação de que estamos desistindo e minimizando nosso potencial.

A única maneira de contornar isso talvez seja admitir duas coisas.

Uma é o lembrete constante de que a riqueza e a felicidade formam uma equação com duas partes: o que você tem e o que espera/precisa ter. Quando nos damos conta de que cada parte é igualmente importante, percebemos que a atenção exagerada que damos a ter mais e a atenção ínfima que damos a administrar nossas expectativas fazem pouco sentido, sobretudo porque as expectativas são algo muito mais passível de controle.

A outra é compreender como se dá o jogo de expectativas. Trata-se de um jogo mental, com frequência absurdo e excruciante, que todo mundo é obrigado a jogar; assim, devemos ter consciência de suas regras e estratégias. Funciona assim: você imagina querer o progresso, tanto para si como para o mundo. Mas na maior parte do tempo não é isso que quer de verdade. O que você quer é sentir uma diferença entre o que esperava e o que na realidade aconteceu. E o lado da expectativa nessa equação é não só importante, como muitas vezes mais passível de controle do que as circunstâncias em que você se encontra.

A seguir, um dos assuntos mais complicados do mundo: a cabeça das pessoas.

Mentes excêntricas

*Pessoas que apreciamos por sua visão de mundo
única quase sempre terão também uma visão
de mundo única que não apreciaremos.*

Eliud Kipchoge, o maior maratonista do mundo, estava em uma sala reservada durante os Jogos Olímpicos de 2021, em Tóquio. Ele e dois outros corredores — Bashir Abdi, da Bélgica, e Abdi Nageeye, da Holanda — aguardavam para receber suas medalhas após a maratona, que Kipchoge vencera pela segunda vez.[1]

A logística da cerimônia de premiação exigia que os corredores esperassem tediosamente sentados durante várias horas em uma salinha apertada sem nada para fazer. Abdi e Nageeye mais tarde explicaram que fizeram o que qualquer um faria — pegaram o celular, procuraram uma rede sem fio e se distraíram com as mídias sociais.

Kipchoge, não.

Abdi e Nageeye disseram que ele simplesmente ficou ali sentado, encarando a parede, em perfeito silêncio e contentamento.

Por horas.

"Ele não é humano", brincou Abdi.

Ele não é humano.

Ele não pensa, age ou se comporta como uma pessoa comum.

Alguma variação dessa frase pode ser usada para a maioria de seus ídolos. Você os admira porque eles fazem coisas que outros nunca seriam capazes de considerar nem sequer de compreender.

Algumas dessas características são incríveis, e você deveria admirá-las, talvez até tentar copiá-las.

Outras, não. *Muitas*, não.

Trata-se de algo intrínseco à condição humana: pessoas que apreciamos por sua visão de mundo única quase sempre terão também uma visão de mundo única que não apreciaremos.

É muito fácil perder isso de vista, o que nos leva a uma pobreza de discernimento sobre quem deveríamos admirar e o que deveríamos esperar de gente muito bem-sucedida.

O mais importante é que essas pessoas com visão de mundo única sejam aceitas como um pacote completo, porque as coisas que fazem bem e admiramos não podem ser separadas daquelas que menosprezamos ou não gostaríamos que fizessem a nós.

Compartilho a seguir uma breve história sobre um piloto de caça de quem todos precisavam, mas que ninguém suportava.

———

John Boyd foi provavelmente o maior piloto de caça que já viveu.[2]

Ele revolucionou seu campo mais do que qualquer outra pessoa antes ou depois dele. Um manual que escreveu, *Aerial Attack Study*, incorporava tanta matemática à ciência das manobras de combate quanto a utilizada pelos engenheiros na construção de aviões.

Suas ideias eram simples, mas poderosas. Foi ele que descobriu, por exemplo, uma vantagem tática não na velocidade ou na altura que um avião podia atingir, mas na rapidez com que podia mudar de curso e começar a subir — descoberta que alterou não só o modo de pensar dos pilotos, mas também a forma como os aviões eram construídos. Boyd foi o mais próximo de um gênio da aviação que se pode conceber. Seu manual, escrito aos vinte e poucos anos, tornou-se o manual oficial de táticas dos pilotos de caça. É utilizado até hoje.

Boyd é conhecido como um dos pensadores mais inteligentes da história militar.[3] Contudo, o *New York Times* o descreveu certa vez como "virtualmente um zé-ninguém [...] até na Força Aérea".

Isso porque, por mais inteligente que fosse, Boyd era maluco.

Ele era grosseiro. Errático. Desobediente. Impaciente. Gritava com os superiores, para a perplexidade dos colegas, e certa vez quase foi à corte marcial por incendiar hangares que não dispunham do aquecimento adequado. Nas reuniões, arrancava calos das mãos com os dentes e cuspia a pele morta sobre a mesa.

A Força Aérea adorava suas ideias, e precisava delas. Mas era difícil aturar o homem.

A principal característica de Boyd era pensar em aviões de uma perspectiva completamente diversa. Como se usasse uma parte distinta do cérebro e disputasse um jogo à parte dos demais pilotos.

Essa mesma personalidade o tornava naturalmente indiferente às práticas estabelecidas. Assim, seus superiores, num mesmo relatório de desempenho, podiam se derreter em elogios a suas contribuições e tentar barrar sua promoção.

Um deles dizia: "Ele é um oficial jovem e brilhante, um pensador original", mas "um homem intenso e impaciente que não reage bem quando supervisionado de perto. É extremamente intolerante com quem tenta ficar em seu caminho".[4] Enquanto Boyd escrevia o livro definitivo sobre manobras de voo, dois coronéis negaram sua promoção.

No entanto, ele acabou sendo promovido. Era simplesmente talentoso demais. Mas, ao longo de toda sua carreira, ninguém soube direito o que fazer com ele. Boyd deixou muita gente furiosa. Era único de todas as maneiras — boas, más, pavorosas e, por vezes, ilegais.

———

John Maynard Keynes adquiriu um arquivo de documentos originais de Isaac Newton em um leilão.

Muitos nunca tinham sido vistos antes, já que haviam permanecido guardados em Cambridge por séculos.

Newton é provavelmente o ser humano mais inteligente que já existiu. Mas Keynes ficou perplexo com a quantidade de trabalho que havia devotado à alquimia, à feitiçaria e à tentativa de encontrar um elixir da vida eterna. Ele escreveu:

> Eu diria que passei os olhos por grande parte dessas 100 mil palavras, no mínimo. É absolutamente impossível negar que não passam de magia, completamente sem valor científico; e é impossível não admitir que Newton devotou anos de trabalho a isso.[5]

Pergunto-me: Newton foi um gênio a despeito de sua dedicação à magia ou a curiosidade sobre coisas que pareciam impossíveis foi parte do que o tornou tão bem-sucedido?

É impossível saber. Mas a ideia de que gênios por vezes parecem *completamente* malucos é quase inevitável.

Há uma cena em *Patton: Rebelde ou herói*, em que o ator representando o lendário general da Segunda Guerra Mundial, George Patton, reúne-se com um general russo após o fim dos confrontos.[6] Conversando por meio de um intérprete, o general russo propõe um brinde.

"Meus cumprimentos ao general", diz Patton, "mas informe-o por favor de que não faço questão de beber com ele nem com qualquer outro filho da puta russo."

O intérprete fica pasmo e diz que não pode transmitir a mensagem. Patton insiste.

O general russo responde pelo intérprete que também acha Patton um filho da puta.

Patton dá uma gargalhada, ergue o copo e diz: "Agora sim, a isso eu posso brindar. De um filho da puta para outro!".

Esse talvez seja um resumo perfeito de como pessoas extremamente bem-sucedidas operam. Claro que elas possuem características incomuns. É por isso que são bem-sucedidas! E não existe nenhum contexto em que deveríamos presumir que todas essas características incomuns são positivas, educadas, cativantes ou atraentes.

Algo que acredito ser verdade há muito tempo, e que sempre surge quando procuramos, é que pessoas incomumente boas em uma coisa tendem a ser incomumente ruins em outra. É como se o cérebro tivesse capacidade limitada para o conhecimento e a emoção, e uma habilidade incomum roubasse a largura de banda de outras partes da personalidade da pessoa.

Vejamos o caso de Elon Musk.

Quem mais aos 32 anos acha que pode competir com a GM, a Ford e a Nasa ao mesmo tempo? *Um completo maluco.* O tipo de sujeito que acredita que restrições normais não se aplicam a ele — não num sentido egocêntrico, mas no sentido genuíno de acreditar em seus próprios instintos. Que aliás é também o tipo de sujeito que não se preocupa com, digamos, a etiqueta do Twitter.

Uma pessoa que se dispõe a investir a própria fortuna na colonização de Marte não é o tipo de pessoa que vai se preocupar com as desvantagens da hipérbole. E uma pessoa que propõe tornar Marte habitável despejando bombas nucleares em sua atmosfera não é o tipo de pessoa que vai se preocupar com exceder os limites da realidade.[7]

Uma pessoa que afirma haver 99,9999% de chance de que a humanidade seja uma simulação de computador não é o tipo de pessoa que vai se preocupar em fazer promessas inatingíveis para os acionistas.[8]

Uma pessoa que promete resolver os problemas de água em Flint, Michigan, dias depois de tentar salvar um time de futebol de crianças tailandesas presas numa caverna, o que aconteceu dias após reconstruir a linha de montagem do modelo 3 da Tesla em uma tenda, não é o tipo de pessoa que vai se preocupar com a aprovação de seus advogados em uma decisão importante.

As pessoas adoram o lado visionário e genial de Musk, mas esperam que ele venha sem o lado que opera em sua versão distorcida da realidade, de total descaso com os costumes estabelecidos. Não acho, no entanto, que essas duas possam ser separadas. Elas constituem a barganha entre risco e recompensa de um mesmo traço de personalidade.

O mesmo vale para John Boyd.

O mesmo vale para Steve Jobs, que era um gênio mas também podia ser um chefe tirânico.

O mesmo vale para Walt Disney, cujas ambições levavam todas as empresas em que punha a mão à beira da falência.

Certa vez, o ex-assessor de segurança nacional americano McGeorge Bundy disse ao presidente John F. Kennedy que tentar ir à Lua era uma ideia absurda. Kennedy respondeu: "Ninguém concorre à presidência aos quarenta e poucos anos se não tiver uma certa confiança e determinação".

———

Parte dessa ideia é se dar conta de que pessoas capazes de conquistar coisas incríveis muitas vezes assumem riscos que podem trazer resultados adversos igualmente poderosos.

Que tipo de pessoa galga os degraus até o topo de uma empresa bem-sucedida ou de um grande país?

Alguém que é determinado, otimista, não aceita um não como resposta e tem uma confiança inabalável no próprio taco.

Que tipo de pessoa tende a passar dos limites, dar passos maiores que a perna e ignorar riscos óbvios para todos os demais?

Alguém que é determinado, otimista, não aceita um não como resposta e tem uma confiança inabalável no próprio taco.

A regressão à média é uma das narrativas mais comuns da história. É o personagem principal na economia, nos mercados, nos países, nas empresas, nas carreiras — em tudo. Em parte, isso acontece porque os mesmos traços de personalidade que impelem as pessoas ao topo também aumentam as chances de impeli-las além do limite.

Isso é verdadeiro no que diz respeito aos países, particularmente os impérios. Um país determinado a se expandir pela conquista territorial dificilmente será governado por alguém capaz de dizer: "Tudo bem, já chega. Vamos ser gratos pelo que temos e parar de invadir outros países". Ele continuará avançando até encontrar um adversário à altura. O romancista Stefan Zweig afirmou que "não há exemplos na história de um conquistador que tenha ficado saciado por suas conquistas" — ou seja, nunca vimos um conquistador obter o que desejava e então se aposentar.

Talvez o mais importante em tudo isso seja obter uma compreensão melhor de quem devemos admirar, sobretudo de quem queremos ser e emular. Naval Ravikant certa vez escreveu:

Um dia, pensando em todas as pessoas que invejava, percebi que eu não podia simplesmente escolher pequenos aspectos da vida delas. Não podia dizer: quero ter o corpo de fulano, o dinheiro de beltrano, a personalidade de sicrano. É preciso ser o outro por completo. Você quer mesmo ser aquela pessoa, com todas as suas reações, seus desejos, sua família, seu nível de felicidade, seus pontos de vista em relação à vida, sua autoimagem? Se você não está disposto a fazer uma permuta por atacado, integral, 100%, com uma pessoa, então não faz sentido invejá-la.[9]

Ou você deseja a vida de outra pessoa ou não deseja. Em ambos os casos, a decisão é igualmente poderosa. Apenas tenha discernimento ao procurar modelos para seguir.

———

"Precisamos desafiar todas as suposições. Do contrário, o que é doutrina no primeiro dia acaba por se tornar um dogma eterno", afirmou John Boyd.

É por esse tipo de filosofia que você será sempre lembrado — para o bem ou para o mal.

A seguir, conversemos um pouco sobre como as pessoas são ruins de matemática.

Números malucos

As pessoas não querem precisão. Querem certezas.

Jerry Seinfeld dirigia um de seus carros em companhia de Jimmy Fallon.[1]

Era um carro antigo, da década de 1950.

"Você não fica preocupado por esse carro não ter airbag?", perguntou Fallon.

"Não. E, falando francamente", respondeu Seinfeld, "quantas vezes você precisou do airbag na sua vida?"

Era uma piada. Mas é também um exemplo perfeito de como as pessoas têm dificuldade em pensar sobre probabilidade e incerteza.

Para ajudar seus alunos a pensar sobre isso, um professor de Stanford, Ronald Howard, pediu a eles que escrevessem uma porcentagem ao lado de cada questão da prova para representar a probabilidade de que tivessem dado a resposta correta.

Se você afirmasse estar 100% seguro de que sua resposta era correta e ela estivesse errada, tirava zero.

Se afirmasse não ter confiança alguma e a resposta estivesse correta, não pontuava.

Tudo o mais entre uma coisa e outra lhe dava uma pontuação ajustada segundo seu grau de confiança.

Nunca ouvi falar em um sistema melhor para ensinar às pessoas que a vida consiste em lidar com probabilidades. E que maneira incrível de deixar os alunos apreensivos, forçando-os a perceber as consequências de presumir a existência de certezas em um mundo cheio de incógnitas.

Uma característica comum do comportamento humano é o ávido desejo pela certeza, a despeito de vivermos em um mundo incerto e probabilístico.

Lidar com a matemática por trás do risco e da incerteza em geral é difícil — algo com que as pessoas sempre penaram e continuarão a penar. Entender que uma coisa pode ser provável e não acontecer, ou improvável e ainda assim acontecer, é um dos segredos mais importantes do mundo.

———

Há uma cena no filme *A hora mais escura* em que o diretor da CIA questiona um grupo de analistas que afirma ter localizado Osama bin Laden.[2]

"Daqui a pouco vou olhar nos olhos do presidente", diz ele. "E o que eu gostaria de saber, sem enrolação, muito simplesmente, é se ele está lá ou não."

O líder da equipe afirma haver uma chance entre 60% e 80% de que Bin Laden esteja no prédio identificado.

"Isso é um sim ou um não?", pergunta o diretor.

A maioria das pessoas compreende que a certeza é algo raro e que o melhor que podemos fazer é tomar decisões em que as chances estejam a nosso favor. Sabemos que alguém pode ser inteligente e se equivocar ou ser estúpido e estar com a razão, porque é assim que a sorte e o risco funcionam.

Mas poucos de fato utilizam a probabilidade no mundo real, sobretudo ao julgar o sucesso dos outros.

A maior preocupação das pessoas é saber: "Você estava certo ou errado?".

"Isso é um sim ou um não?"

Probabilidade diz respeito a nuance e gradação. Mas, no mundo real, as pessoas prestam atenção em resultados preto no branco.

Se você disser que tal coisa vai acontecer e ela se confirmar, estará com a razão. Se você disser que tal coisa vai acontecer e ela não se confirmar, estará errado. É assim que as pessoas pensam, porque exige uma quantidade mínima de esforço. É difícil convencer os outros — ou a nós mesmos — de que poderia ter havido um resultado alternativo quando há um resultado da vida real bem na sua frente.

O principal aqui é que as pessoas acham que querem uma visão precisa do futuro, mas o que desejam na realidade é a certeza.

É normal querer se livrar da dolorosa realidade de não saber o que acontecerá a seguir. E se alguém lhe diz que há uma chance de 60% de haver recessão, isso não ajuda muito a aliviar essa angústia. Pode até contribuir para ela. Mas alguém que diz "Haverá uma recessão este ano" oferece-nos algo que agarramos com as duas mãos, algo que nos dá a sensação de assumir o controle de nosso próprio futuro.

Após a incursão que terminou com a morte de Bin Laden, o presidente Obama afirmou que as chances de que o líder terrorista estivesse de fato no prédio identificado como o alvo eram de 50%.[3]

Alguns anos atrás, fui ver uma palestra de um dos Seals envolvidos na missão. Ele disse que independentemente de Bin Laden estar ou não no prédio, a equipe sentia que as chances de todos serem mortos na operação também eram de 50%. Assim, havia uma probabilidade muito alta de que a incursão terminasse em decepção ou catástrofe.

Não terminou — mas o desfecho alternativo não é um mundo em que muitos prestem atenção.

Raramente prestamos.

A probabilidade e a incerteza são simplesmente difíceis demais de compreender.

———

Um problema relacionado e igualmente importante aqui é a facilidade com que subestimamos eventos raros em um mundo grande como o nosso.

"Os seres humanos são incapazes de compreender números muito grandes ou muito pequenos. Seria útil admitirmos esse fato", afirmou Daniel Kahneman.[4]

Evelyn Marie Adams ganhou 3,9 milhões de dólares na loteria de Nova Jersey em 1986.[5] Quatro meses depois, voltou a ser premiada, recebendo mais 1,4 milhão.

"Vou parar de jogar", contou ao *New York Times*. "Quero dar uma chance para os outros."

Foi uma grande história na época, uma vez que os matemáticos calculam as probabilidades dessa dobradinha em inacreditáveis 1 para 17 trilhões.

Mas se 100 milhões de pessoas jogam na loteria semana após semana — como acontece nos Estados Unidos —, as chances de que *alguém* ganhe duas vezes são na verdade bastante boas. Diaconis e Mosteller calcularam que eram de 1 em 30.[6]

Esse número não chegou a muitas manchetes.

"Com uma amostra grande o bastante, qualquer coisa absurda pode acontecer", disse Mosteller.

É em parte por isso que o mundo parece tão maluco e eventos únicos na vida parecem acontecer regularmente.

Há cerca de 8 bilhões de humanos no planeta. Assim, se um evento tem uma chance de 1 em 1 milhão de ocorrer todos os dias, deve acontecer para 8 mil pessoas por dia, ou 2,9 milhões de vezes por ano, e talvez um 250 milhões de vezes ao longo de sua vida. Até um evento com chance de 1 em 1 bilhão se tornará o destino de centenas de milhares de pessoas durante sua vida. E, considerando o insaciável apetite da mídia por manchetes sensacionalistas, as chances de que você fique sabendo desses eventos quando acontecerem são próximas de 100%.

O físico Freeman Dyson explicou certa vez que coisas normalmente atribuídas ao sobrenatural, ou à magia, ou a milagres, são na verdade apenas matemática básica:

Na vida normal de uma pessoa, milagres devem ocorrer à taxa aproximada de uma vez ao mês; a demonstração dessa lei é simples. Durante o período em que estamos despertos e ativamente envolvidos em viver nossas vidas, por cerca de oito horas diárias, vemos e escutamos coisas acontecendo a uma taxa de uma por segundo. Assim, o número total de eventos que se passam conosco é de cerca de 30 mil por dia, ou cerca de 1 milhão por mês.[7]

Se a chance de um "milagre" acontecer é de 1 em 1 milhão, deveremos portanto vivenciar um por mês, em média.

A ideia de que coisas incríveis acontecem por causa de estatísticas aborrecidas é importante, pois se aplica também para as coisas terríveis.

Pense em eventos que só acontecem uma vez em cem anos: dilúvios, furacões, terremotos, crises financeiras, fraudes, pandemias, crises políticas, recessões econômicas e assim por diante, infinitamente. Um monte de coisas terríveis pode ser considerado eventos desse tipo.

Um evento acontecer uma vez em cem anos não significa que ele ocorre uma vez a cada cem anos. Significa que ele tem cerca de 1% de chance de ocorrer em qualquer ano dado. Parece uma probabilidade baixa. Mas quando há centenas de eventos assim diferentes e independentes, quais são as chances de que um deles ocorra em determinado ano?

Bem grandes.

Se no ano que vem há uma chance de 1% de que ocorra uma nova pandemia desastrosa, uma depressão paralisante, uma inundação catastrófica, um colapso político e assim por diante, as chances de que no ano que vem — ou em qualquer ano — aconteça *alguma coisa* ruim até que não são... nada ruins.

Sempre foi assim. Mesmo períodos que recordamos como tempos de vacas gordas foram pontuados pelo caos. A gloriosa década de 1950 foi na verdade um sem-fim de tristezas: considerando o crescimento populacional, mais americanos perderam o emprego durante a recessão de 1958 do que em qualquer mês isolado da Grande Recessão de 2008. O mesmo vale para a década de 1990: lembramos dela como um período calmo, mas o sistema financeiro global quase desmoronou em 1998, durante o maior boom de prosperidade que jamais se viu.

A diferença hoje é o tamanho da economia global, que aumenta a amostragem de eventos potencialmente absurdos que podem acontecer. Quando 8 bilhões de pessoas interagem, as chances de um trapaceiro, um gênio, um terrorista, um idiota, um sábio, um babaca ou um visionário causar um impacto significativo em qualquer dia que se escolha são de quase 100%.

Grosso modo, já existiram cerca de 100 bilhões de seres humanos. Com uma média de vida aproximada de trinta anos, os seres humanos viveram algo como 1,2 quatrilhão de dias. Eventos absurdos com uma chance de 1 em 1 bilhão de acontecer ocorreram milhões de vezes.

Mas o problema é muito pior hoje do que jamais foi, e é quase certo que continuará piorando.

Frederick Lewis Allen descreve como os americanos se informavam em 1900:

> Hoje, é difícil imaginar as enormes distâncias que separavam as comunidades. [...] Um pescador do Maine, um fazendeiro de Ohio e um empresário de Chicago seriam capazes até certo ponto de discutir política entre si, mas, na ausência das colunas de opinião publicadas de costa a costa, sua informação estaria baseada sobretudo no que haviam lido em jornais locais muito divergentes.[8]

Era mais difícil disseminar a informação por grandes distâncias, e o que acontecia em outras partes do país ou do mundo simplesmente não era a preocupação principal das pessoas; a informação era local porque a vida era local.

O rádio mudou tudo isso, ao conectar as pessoas a uma fonte comum de informação.

A televisão levou as coisas ainda mais longe.

A internet pôs tudo em um novo patamar.

As mídias sociais ampliaram a comunicação de forma exponencial.

A digitalização das notícias de modo geral matou os jornais locais e globalizou a informação. Oitocentos veículos de mídia impressa americanos desapareceram entre 2004 e 2017.[9]

O declínio das notícias locais trouxe todo tipo de implicações. Uma que não recebe grande atenção é que, quanto mais amplo se torna o noticiário, maior a tendência a ser pessimista.

Duas coisas explicam isso:

- Más notícias recebem mais atenção do que boas notícias porque o pessimismo é sedutor e parece mais urgente que o otimismo.
- As chances de uma notícia ruim — um caso de fraude ou corrupção, um desastre — ocorrer em sua localidade a qualquer momento dado é baixa. Quando expandimos nossa atenção para o âmbito nacional, elas aumentam. Por fim, em âmbito global, as chances de algo terrível acontecer a qualquer momento dado são de 100%.

Para exagerar só um pouquinho: noticiários locais falam sobre torneios de softball. Noticiários globais falam sobre acidentes de avião e genocídios.

Um pesquisador certa vez classificou o sentimento em relação aos noticiários ao longo do tempo e identificou que os veículos de mídia do mundo todo ficaram gradualmente mais sombrios nos últimos sessenta anos.[10]

Compare isso com o passado. Aqui está Frederick Lewis Allen mais uma vez, escrevendo sobre a vida em 1900:

A maioria dos americanos era menos propensa do que seus descendentes a se ver atormentada por aquela assustadora sensação de insegurança que se manifesta quando nos vemos impelidos por forças — econômicas, políticas, internacionais — além da nossa compreensão. Seus horizontes eram mais próximos.[11]

Seus horizontes eram mais próximos. Nos tempos modernos, nossos horizontes cobrem todas as nações, culturas, regimes políticos e economias do mundo.

Há muitas coisas boas que resultam disso.

Mas não deveríamos nos surpreender que o mundo pareça historicamente fraturado nos últimos anos e que assim vá permanecer. Isso não é verdade — apenas vemos mais coisas ruins que sempre aconteceram do que jamais vimos antes.

O mundo entra em colapso a cada dez anos, em média — sempre foi assim, e sempre será. Às vezes parece um acaso terrível, ou que as más notícias ganharam novo ímpeto. Com mais frequência, não passa de pura matemática em ação. Um zilhão de coisas diferentes podem dar errado, de modo que pelo menos uma delas tende a provocar o caos a qualquer momento. E, considerando o grau em que estamos conectados, você certamente ouvirá a respeito.

———

Algumas coisinhas a se ter em mente aqui.

As pessoas não querem precisão. Querem certezas.

Muito do que se passa no mundo da previsão é uma tentativa de nos livrarmos da dolorosa realidade de não saber o que vai acontecer no futuro. Quando você se dá conta de que fazer as pessoas se sentirem melhor é mais atraente do que lhes fornecer números úteis, começa a perceber por que pensar em termos de probabilidades é raro.

Charlie Munger deu uma palestra na década de 1990 chamada "A psicologia dos erros de julgamento humanos". Ele listou 25 vieses que levam a decisões ruins. Uma delas é a "Tendência a evitar dúvidas", que descreveu como:

O cérebro humano é programado para eliminar rapidamente a dúvida e chegar a alguma decisão.

É fácil perceber como a evolução faria os animais, ao longo das eras, moverem-se em direção à rápida eliminação da dúvida. Afinal, se há algo definitivamente contraproducente para uma presa ameaçada por um predador é levar um longo tempo para decidir o que fazer.[12]

O professor Philip Tetlock passou a maior parte de sua carreira estudando especialistas — autointitulados ou não.[13] Uma grande lição a extrair de sua pesquisa é como os especialistas são péssimos em fazer previsões sobre política e economia. Considerando seu retrospecto, chegará o dia em que as pessoas decidirão ignorá-los? "De jeito nenhum", afirma Tetlock. "Precisamos acreditar que vivemos em um mundo previsível, controlável, por isso recorremos a pessoas com ar de autoridade que prometem satisfazer esse desejo."

A incapacidade de prever o passado não exerce nenhum impacto em nosso desejo de prever o futuro. As certezas são tão valorizadas que jamais abriremos mão de ir em busca delas, e a maioria das pessoas seria incapaz de se levantar da cama de manhã se pensasse a sério sobre como o futuro é incerto.

Reunir uma amostra de tamanho suficiente com frequência leva tempo demais. Então todo mundo chuta.

Digamos que você seja um economista de 75 anos. Sua carreira teve início aos 25. De modo que você conta com meio século de experiência para prever como a economia se comportará no futuro. Não dá para ser muito mais calejado que isso.

Mas quantas recessões atravessamos nos últimos cinquenta anos?[14]

Sete.

Em apenas sete ocasiões na carreira você teve a chance de medir suas habilidades.

Se quisermos realmente avaliar a capacidade de alguém, teremos de comparar dezenas, centenas ou milhares de tentativas em relação à realidade. Mas muitas áreas não produzem tantas oportunidades a serem medidas. Não é culpa de ninguém; apenas acontece que o mundo real é bem mais confuso do que uma planilha.

É uma peculiaridade importante da realidade, porque se uma pessoa afirma que a probabilidade de haver uma recessão é de 80%, a única maneira de dizer se ela está certa é comparar dezenas ou centenas de vezes em que ela fez esse vaticínio e verificar se ele se revelou correto em 80% das ocasiões.

Se não dispomos de dezenas ou centenas de tentativas — às vezes não há mais do que uma ou duas —, é impossível saber se alguém que afirma que há 75% de chance disso ou 32% de chance daquilo tem razão ou não. Assim, todo mundo chuta (ou segue quem afirma ter certeza).

Diferenciar entre probabilidades infelizes e imprudência é difícil quando o risco comporta consequências dolorosas. É mais fácil enxergar tudo preto no branco, mesmo quando as probabilidades são óbvias.

Nos tempos de faculdade, fui manobrista num hotel. Eu e os demais manobristas estacionávamos 10 mil carros por mês. E, todo mês, com a precisão de um relógio, dávamos uma ralada em um.

A gerência achava isso intolerável. De tantas em tantas semanas éramos nós que levávamos uma ralada por nossa imprudência.

Mas um acidente a cada 10 mil carros estacionados é um ótimo número. Se você dirige duas vezes por dia, vai levar catorze anos para estacionar 10 mil vezes. Um para-choque amassado a cada catorze anos é um perfil de motorista que deixará sua seguradora esfregando as mãos.

Mas tente explicar isso para o seu chefe, que já teve de preencher tantos relatórios de danos que conhece os peritos da seguradora pelo nome. Não espere nenhuma solidariedade da parte dele. É muito mais fácil dizer: "Ou vocês tomam mais cuidado ou vão todos pro olho da rua".

A mesma coisa acontece em várias áreas da vida. Vejamos o mercado de ações. Podemos mostrar às pessoas que o mercado, historicamente, quebra a cada cinco ou sete anos. Mas a cada cinco ou sete anos as pessoas dizem: "Isso não está certo, parece que está indo de mal a pior, meu consultor financeiro pisou na bola". Saber que há uma probabilidade elevada de algo acontecer deixa de fazer sentido quando esse algo acontece e traz prejuízos. As probabilidades vão para a cucuia.

O que você sempre deseja evitar são os riscos catastróficos. Um piloto de avião que cai uma vez a cada 10 mil voos é uma catástrofe. Mas nossa dificuldade em lidar com probabilidades e grandes números nos torna excessivamente sensíveis a riscos corriqueiros, inevitáveis.

O mesmo de sempre.

No próximo capítulo, examinaremos um fato pouco conhecido sobre o discurso mais famoso de Martin Luther King e o incrível poder das narrativas.

A melhor narrativa triunfa

Histórias são sempre mais poderosas do que estatísticas.

A melhor narrativa triunfa.

Não é a melhor ideia, nem a ideia correta, tampouco a ideia mais racional. Aquele que conta uma história capaz de prender a atenção das pessoas e fazer com que balancem a cabeça tende a ser recompensado.

Uma grande ideia pobremente explicada pode não chegar a lugar algum, ao passo que ideias datadas ou erradas contadas de forma convincente podem deflagrar uma revolução. Morgan Freeman lendo uma lista de compras pode levar as pessoas às lágrimas, enquanto um cientista desarticulado pode encontrar a cura de uma doença e passar despercebido.

Há informação demais por aí para que todos sejam capazes de filtrar tranquilamente os dados à procura da resposta mais racional e correta. As pessoas são ocupadas e emotivas, e uma boa história é sempre mais poderosa e persuasiva do que as frias estatísticas.

Se você tem a resposta correta, pode ou não ter sucesso.

Se você tem a resposta incorreta mas é um bom contador de histórias, provavelmente terá sucesso (por um tempo).

Se você tem a resposta correta e for um bom contador de histórias, é quase certo que terá sucesso.

Sempre foi assim, e sempre será. Podemos constatá-lo em muitas áreas da história humana.

———

O famoso discurso de Martin Luther King no Lincoln Memorial, em 28 de agosto de 1963, não transcorreu segundo o planejado.

Clarence Jones, assessor e redator de MLK, rascunhou um discurso completo para o chefe, baseado, conforme recordou, em um "resumo de ideias sobre as quais conversamos".[1]

Os primeiros minutos do discurso seguiram o roteiro previsto. As filmagens mostram-no baixando constantemente a cabeça para suas anotações, lendo-as palavra por palavra.[2] "Voltem para a Geórgia, voltem para a Louisiana, voltem para os cortiços e guetos das nossas cidades do norte, sabendo que de alguma forma essa situação pode ser e será mudada."

Nesse exato momento, mais ou menos na metade do discurso, a cantora gospel Mahalia Jackson, que estava cerca de três metros à esquerda de King, exclamou: "Conte a eles sobre o sonho, Martin! Conte a eles sobre o sonho!".[3]

Jones rememorou: "Nesse instante, [MLK] olha para ela, pega o texto do discurso e o afasta para a esquerda. Em seguida, apoia as mãos no atril e fita a multidão de mais de 250 mil pessoas".[4]

Segue-se uma pausa de seis segundos antes de King erguer o rosto para o céu e dizer:

Eu tenho um sonho. Um sonho com raízes profundas no sonho americano.

Eu tenho um sonho de que um dia esta nação se erguerá e viverá o verdadeiro significado de seu credo: "Consideramos essas verdades evidentes por si mesmas, que todos os homens são criados iguais".

Eu tenho um sonho de que meus quatro filhos pequenos um dia viverão em uma nação onde não serão julgados pela cor de sua pele, e sim pelo conteúdo de seu caráter.

Eu tenho um sonho hoje!

O resto da história todo mundo já sabe.

"Essa parte do discurso, que é a mais célebre nos Estados Unidos e no mundo todo, não estava nos planos", afirmou Jones.

Não era o que King havia preparado. Não era o que nem ele nem seu assessor presumiam ser o melhor material para apresentar naquele dia.

Mas foi uma das melhores narrativas jamais formuladas, evocando emoção e fazendo milhões de pessoas captarem suas ideias de uma maneira que mudou a história.

As boas narrativas tendem a ser assim. Possuem uma capacidade extraordinária de inspirar e evocar emoções positivas, aprofundando nossa percepção e chamando a atenção para assuntos que as pessoas tendem a ignorar quando apresentados apenas por meio dos fatos.

O maior contador de histórias dos tempos modernos talvez seja Mark Twain.[5] Quando editava seus textos, ele lia em voz alta para a esposa e os filhos. Se uma passagem parecia deixá-los entediados, ele a cortava. Quando os olhos deles se iluminavam, quando chegavam para a ponta da cadeira ou franziam a testa, Twain sabia que estava no caminho certo, e investia seu esforço ali.

Mesmo quando uma história é boa, às vezes basta uma expressão ou sentença poderosa para dar conta da maior parte do recado. Como diz um ditado, as pessoas não se lembram de livros; lembram-se de frases.

O antropólogo C. R. Hallpike resenhou certa vez um livro sobre a história da humanidade escrito por um jovem autor. Em seu texto, ele afirma:

> Seria justo dizer que, sempre que os fatos apresentados pelo autor estão no geral corretos, eles não são novos, e que sempre que ele tenta se destacar por conta própria acaba cometendo equívocos, às vezes graves. [...] [O livro não é] uma contribuição para o conhecimento.[6]

Duas coisas aqui são dignas de nota.

A primeira é que o autor em questão, Yuval Noah Harari, vendeu 28 milhões de exemplares, tornando-se um dos escritores contemporâneos mais vendidos em qualquer área, e que seu livro *Sapiens: Uma breve história da humanidade* — resenhado por Hallpike — é a obra de antropologia mais bem-sucedida de todos os tempos.

A segunda é que o próprio Harari não parece discordar do veredicto de Hallpike.

Ele afirmou certa vez sobre *Sapiens*:

> Eu pensava: "Isso é tão banal!" [...]. Não tem absolutamente nada de novo ali. Não sou arqueólogo. Não sou primatologista. Quero dizer, não fiz *nenhuma* pesquisa nova. [...] Na verdade, apenas li obras de conhecimento geral e apresentei as informações de uma nova forma.[7]

O que *Sapiens* sem dúvida tem é uma escrita excelente. Uma escrita *belíssima*. As histórias são cativantes, a leitura flui suavemente. Harari pegou o que já era conhecido e escreveu melhor do que qualquer um antes dele. O resultado foi uma fama maior do que qualquer um antes dele jamais poderia ter imaginado. A melhor narrativa triunfa.

Não é motivo de vergonha, porque muitos sucessos funcionam assim.

A Guerra Civil é provavelmente o período mais bem documentado da história americana. Há milhares de livros analisando cada ângulo concebível, registrando todos os detalhes possíveis. Mas, em 1990, o documentário *A Guerra Civil*, de Ken Burns, tornou-se um fenômeno instantâneo, ao ser assistido por 40 milhões de pessoas e receber quarenta prêmios importantes da televisão e do cinema.[8] Nesse ano, tantos americanos assistiram ao filme de Ken Burns quanto ao Super Bowl.

E tudo que Burns fez — sem querer minimizar seu trabalho, porque foi um feito e tanto — foi pegar informação existente há 130 anos e costurá-la em uma narrativa (muito) boa.

Em certa ocasião, Burns descreveu o que talvez seja a parte mais importante de seu processo narrativo: a música que acompanha as imagens em seus documentários:

> Mergulhei em hinários e partituras antigos e pedia a alguém para executá-los ao piano. Sempre que algo mexia comigo, eu dizia: "Essa!". Depois íamos ao estúdio com um músico profissional e fazíamos umas trinta gravações diferentes.[9]

Burns afirma que, ao escrever o roteiro de um documentário, muitas vezes estica ou corta frases de modo a alinhar o texto com determinados trechos da música de fundo. "A música é uma coisa divina", diz ele. "Não é apenas a cobertura do bolo. É o recheio de chocolate."

Agora imagine um historiador de nível internacional que passou décadas pesquisando informações novas e originais sobre um assunto importante. Quanto tempo ele gasta pensando se determinada sentença sobre o que descobriu casa bem com determinado momento de uma canção? Provavelmente, nenhum. Ken Burns, sim. E é por isso que ele é um nome conhecido.

Com Bill Bryson acontece a mesma coisa. Seus livros vendem que nem água, o que talvez seja exasperante para os acadêmicos pouco conhecidos que pesquisaram as coisas sobre as quais ele escreve. Um de seus títulos — *Corpo: Um guia para usuários* — é basicamente uma obra de anatomia. Não tem nenhuma informação nova, nenhuma descoberta. Mas é tão bem escrito — ele narra os fatos com tal competência — que se tornou um best-seller instantâneo do *New York Times* e o Livro do Ano do *Washington Post*.

Os exemplos são inúmeros.

Charles Darwin não foi o primeiro a descobrir a evolução; apenas escreveu o primeiro e mais convincente livro a respeito.

O professor John Burr Williams tinha uma compreensão mais profunda do que Benjamin Graham no que dizia respeito a avaliar ações. Mas Graham sabia compor um belo parágrafo, por isso se tornou uma lenda e vendeu milhões de livros.

Andrew Carnegie dizia ter tanto orgulho de seu charme e capacidade de fazer amizades quanto de sua perspicácia nos negócios.

Elon Musk é tão habilidoso em levar investidores a acreditar em uma visão quanto é na engenharia.

Todo mundo já ouviu falar no naufrágio do *Titanic*, que custou 1500 vidas.

Mas quase ninguém menciona uma palavra sobre o naufrágio da balsa chinesa ss *Kiangya*, que levou quase 4 mil vidas em 1948.[10]

Ou sobre o naufrágio da balsa filipina mv *Doña Paz*, em 1987, que matou 4345 pessoas.[11]

Ou sobre o emborcamento da balsa senegalesa mv *Le Joola* na costa da Gâmbia, em 2002, que terminou com 1863 vidas perdidas.[12]

Talvez o *Titanic* se destaque por seu potencial narrativo: os passageiros famosos e ricos, os relatos em primeira mão dos sobreviventes e, é claro, o *blockbuster* que todo mundo viu no cinema.

O impacto de uma boa narrativa é enlouquecedor se você presume que o mundo é influenciado por fatos e objetividade — se você presume que a melhor ideia, os maiores números ou a resposta correta triunfam. Existe um devotado grupo de críticos de Harari obcecados em mostrar como seu trabalho é pouco original; Musk é igualmente visto com essa mistura de confusão e desdém.

Em um mundo perfeito, a importância da informação não deveria depender da eloquência de seu autor. Mas vivemos em um mundo de pessoas entediadas, impacientes, emotivas, que precisam que coisas complexas sejam destiladas em cenas fáceis de digerir.

Se você procurar, aposto que descobrirá que, onde quer que haja informação sendo trocada — onde houver produtos, empresas, carreiras, política, conhecimento, educação e cultura —, a melhor narrativa triunfa.

Stephen Hawking comentou certa vez sobre seus best-sellers de física: "Alguém me disse que toda equação que eu incluísse no livro reduziria as vendas pela metade". Os leitores não querem uma palestra; querem uma história memorável.

Winston Churchill, segundo a maioria dos relatos, era um político medíocre. Mas sabia como ninguém contar histórias e era um grande orador, um gênio quando se tratava de conquistar a atenção das pessoas por meio da motivação e da emoção — o que fez toda diferença durante seu período no governo.

Ou vejamos o mercado de ações. A avaliação de cada empresa é simplesmente um número de hoje multiplicado por uma narrativa sobre o amanhã. Algumas empresas são incrivelmente boas em construir narrativas, e em muitos momentos da história os investidores ficaram cativados pelas ideias mais tresloucadas do que o futuro poderia trazer. Se você está tentando imaginar que direção determinada coisa irá tomar, precisa compreender mais do que suas possibilidades técnicas; precisa compreender as histórias que todos contam a si mesmos sobre essas possibilidades, pois isso é uma parte preponderante de como equacionamos as previsões.

Talvez ninguém domine melhor a arte de contar histórias do que os comediantes. Eles são os melhores *thought leaders*, porque compreendem como o mundo funciona e desejam antes de tudo nos fazer rir, e não se sentir inteligentes. Extraem suas percepções da psicologia, da sociologia, da política e de qualquer outro campo árido e as transformam em anedotas incríveis. Por isso lotam arenas, enquanto um pesquisador acadêmico pode passar despercebido, mesmo tendo feito uma grande descoberta no campo da psicologia social.

Mark Twain disse: "O humor é uma maneira de mostrar que você é inteligente sem se gabar".[13]

––––––––

Algumas coisinhas sobre boas histórias que vale a pena guardar:

Quando um assunto é complexo, as histórias funcionam como alavanca.

Uma alavanca extrai todo o potencial de algo com menos esforço. Histórias alavancam ideias da mesma forma que dívidas alavancam ativos.

Tentar explicar algo como a física é difícil se estamos ruminando sobre fatos e fórmulas. Mas se conseguimos explicar algo como a dinâmica do fogo com uma história sobre bolas rolando em colinas e se chocando — coisa que o físico Richard Feynman, um fantástico contador de histórias, costumava fazer —, conseguimos explicar algo complexo em segundos, sem grande esforço.[14]

As histórias fazem mais do que persuadir os outros. Também podem ajudá-lo pessoalmente. Parte do que tornava Albert Einstein tão talentoso era sua imaginação e capacidade de destilar situações complexas em uma cena mental simples.[15] Quando tinha dezesseis anos, ele começou a imaginar como seria cavalgar um raio de luz, agarrando-se às bordas como em um tapete voador e refletindo sobre como ele viajaria e se curvaria. Pouco tempo depois, passou a imaginar o que aconteceria com o corpo de uma pessoa dentro de um elevador fechado viajando pelo espaço. Ele contemplava a gravidade imaginando bolas de boliche e de bilhar competindo por espaço numa cama elástica. Era capaz de processar um grande volume de informação sem esforço, como num devaneio.

"As histórias comuns são do tipo um mais um é igual a dois. Tudo bem, faz sentido. Mas as boas histórias são do tipo um mais um é igual a três", disse Ken Burns. Isso é alavancagem.

As histórias mais persuasivas são aquelas que envolvem as verdades em que desejamos acreditar, ou uma extensão daquilo que vivenciamos em primeira mão.

O poeta Ralph Hodgson foi perfeito quando afirmou que "às vezes é preciso crer para ver". Evidências insatisfatórias podem render uma narrativa muito convincente se a história toca em algo que nos incomoda ou fornece contexto para uma crença que gostaríamos que fosse verdadeira.

As histórias fazem com que pessoas diversas concentrem sua atenção em um único ponto.

Steven Spielberg notou o seguinte:

> O mais espantoso, a meu ver, é que cada pessoa que assiste a um filme [...] possui todo um conjunto de experiências únicas. Ainda assim, por

meio de uma cuidadosa manipulação e de uma narrativa competente, podemos fazer todo mundo aplaudir ao mesmo tempo, rir ao mesmo tempo e sentir medo ao mesmo tempo.[16]

Mark Twain conta que descobriu que era um escritor bem-sucedido quando, num mesmo dia, tanto o cáiser Guilherme II quanto um porteiro do hotel em que Twain se hospedava disseram ter lido todos os seus livros. "Grandes livros são como vinho", sentenciou Twain, "mas meus livros são como água. Todo mundo bebe água." Ele chegou às emoções universais que influenciam as pessoas — quem quer que sejam, de onde quer que venham — e fazem com que elas balancem a cabeça na mesma direção. É quase mágica.

Direcionar a atenção das pessoas para um único ponto é uma das habilidades mais poderosas na vida.

Boas histórias geram muitas oportunidades ocultas em coisas que presumimos que não podem ser melhoradas.

Quantas grandes ideias já não foram pensadas mas poderiam prosperar cem vezes mais se alguém as explicasse melhor?

Quantos produtos não encontraram apenas uma fração de seu mercado potencial porque seus fabricantes não souberam descrevê-los bem para os consumidores?

Incontáveis.

Como disse o fundador da Visa, Dee Hock, "novas maneiras de olhar para as coisas criam inovações muito melhores do que novas maneiras de fazê-las".[17]

Você vai ficar desencorajado se pensar que todo livro novo deve ser sobre uma ideia original, ou que toda empresa nova precisa oferecer uma invenção novinha em folha. As oportunidades são muito maiores se vemos o mundo à maneira de Yuval Noah Harari — para quem o importante não é o que dizemos ou fazemos, mas como dizemos e como o apresentamos.

Algumas das perguntas mais importantes a se fazer: quem tem a resposta correta, mas ignoro porque é inarticulado? O que acredito ser verdade, mas na realidade não passa de bom marketing?

São questões incômodas e difíceis de responder. Mas, se você for honesto consigo mesmo, verá quantas pessoas, e quantas crenças, cabem nessas categorias. E então perceberá a verdade: que a melhor narrativa triunfa.

A seguir falarei sobre outra verdade atemporal: ela tem a ver com guerra, fisiologia, mercados de ação e outras coisas estranhas que não podem ser medidas.

Não é computável

As forças que movem o mundo não podem ser medidas.

Muitas coisas não fazem o menor sentido. Os números não batem, as explicações são cheias de furos. E, no entanto, elas continuam a acontecer — pessoas tomando decisões estapafúrdias e reagindo de formas bizarras que parecem desafiar o pensamento racional.

A maioria das decisões não é tomada com base numa planilha, onde simplesmente contabilizamos valores e uma resposta clara surge ao final. Existe um elemento humano difícil de quantificar e explicar, que pode parecer totalmente desconectado do objetivo original, mas que exerce mais influência do que qualquer outra coisa.

"A lógica é uma invenção humana que o universo ignora", afirmou o historiador Will Durant.[1] E com frequência é mesmo, o que pode ser enlouquecedor se esperamos que o mundo funcione de maneira racional.

As tentativas de sintetizar os seres humanos, com suas emoções e hormônios, em uma equação matemática são causa de muita frustração e surpresa no mundo.

Robert McNamara foi contratado por Henry Ford II para ajudar a reverter a situação da Ford Motors. Ford estava perdendo dinheiro após a Segunda Guerra Mundial e precisava, em suas palavras, de um "garoto-prodígio" que visse a administração de empresas como uma ciência operacional, movida pela verdade fria das estatísticas.

Mais tarde, ao se tornar secretário de Defesa durante a Guerra do Vietnã, McNamara levou essa habilidade a Washington. Ele determinou que tudo fosse quantificado, com gráficos diários, semanais e mensais para acompanhar o progresso de todas as estatísticas de guerra imagináveis.

Mas a estratégia que havia funcionado na Ford tinha uma falha quando aplicada ao Departamento de Defesa. Edward Lansdale, chefe de operações especiais no Pentágono, examinou os números de McNamara e disse que estava faltando uma coisa.[2]

"O quê?", perguntou McNamara.

"Os sentimentos do povo vietnamita", respondeu Lansdale.

Era impossível reduzir isso a gráficos ou estatísticas.

Essa foi uma questão central na condução da Guerra do Vietnã. O abismo entre as estatísticas de batalha comunicadas a Washington e o sentimento dos envolvidos no confronto podia se estender por milhões de quilômetros.

O general Westmoreland, comandante das forças americanas, disse ao senador Fritz Hollings: "Estamos matando essa gente [os vietcongues] a uma taxa de dez para um". Hollings retrucou: "O povo americano não liga para o dez, está preocupado apenas com o um".[3]

Ho Chi Minh foi ainda mais direto ao ter supostamente afirmado: "Vocês matam dez dos nossos e nós matamos um dos seus, mas os primeiros a cansar serão vocês".

É difícil contextualizar isso num gráfico.

Certas coisas são incomensuravelmente importantes. São impossíveis de quantificar, ou elusivas demais para isso. Mas podem fazer toda a diferença do mundo, muitas vezes porque, por não serem quantificadas, levam as pessoas a desconsiderar sua relevância ou até mesmo a negar sua existência.

Em uma parede na Universidade de Chicago há uma citação de Lord Kelvin: "Quando não podemos medir, nosso conhecimento é exíguo e insatisfatório".[4]

Ele não está errado, mas o perigo é presumir que, se algo não pode ser medido, então não é relevante. Na verdade, é o contrário: algumas das forças mais importantes do mundo — sobretudo aquelas que dizem respeito à personalidade e à mentalidade das pessoas — são quase impossíveis de medir e prever.

Como Jeff Bezos certa vez afirmou: "Percebi que, quando as anedotas e os dados divergem, são as anedotas que costumam estar certas. Nesse caso, há alguma coisa errada na maneira como estamos fazendo a medição".[5]

Adoro e odeio essa afirmação em medidas iguais, pois sei que ela é verdadeira, mas não quero que seja. Podemos constatar a sabedoria contida nela com muita frequência na história.

A Batalha do Bulge foi um dos conflitos militares mais mortíferos de todos os tempos. Dezenove mil soldados americanos morreram e outros 70 mil foram feridos ou desapareceram em apenas um mês enquanto a Alemanha nazista empreendia sua malfadada investida final contra os Aliados.

Essa sanguinolência se deve em parte ao fato de os americanos terem sido surpreendidos. E essa surpresa, por sua vez, pode ser em parte explicada pela mentalidade racional dos generais americanos, para os quais não fazia o menor sentido a Alemanha atacar.

Os alemães não tinham soldados suficientes para realizar um contra-ataque bem-sucedido, e os poucos que restavam eram no mais das vezes rapazes com menos de dezoito anos e sem experiência de combate. Não havia combustível suficiente. A comida era escassa. O terreno da floresta das Ardenas, na Bélgica, não favorecia seu avanço. O clima era atroz.

Os Aliados sabiam de tudo isso, e raciocinaram que, nessas condições, nenhum comandante alemão em sã consciência lançaria um contra-ataque. Assim, as fileiras americanas permaneceram razoavelmente enxutas e mal abastecidas.

E, de repente, *bum*. Apesar de tudo, os alemães atacaram.

O que os generais americanos não consideraram foi quanto Hitler estava louco. Seu comportamento não era racional. Ele vivia em um mundo particular, afastado da realidade e da razão. Quando questionado por seus generais sobre onde obter o combustível necessário para levar o ataque adiante, respondeu que podiam roubar dos americanos. Às favas com a realidade.

O historiador Stephen Ambrose observa que Eisenhower e o general Omar Bradley acertaram todo o raciocínio e a lógica do planejamento de guerra no fim de 1944, exceto por um detalhe — a que ponto chegara a demência de Hitler.

Um ajudante de Bradley comentou durante a guerra: "Se estivéssemos combatendo pessoas racionais, elas já teriam se rendido há muito tempo".[6] Mas eles não estavam combatendo pessoas racionais, e isso — a única coisa difícil de ser medida pela lógica — importava mais do que tudo.

———

Archibald Hill corria em uma pista todas as manhãs, começando às 7h15. Era bom nisso — um ótimo atleta e um corredor competitivo.

Hill, um fisiologista britânico nascido em 1886, foi em muitos aspectos um cientista perfeito, pois devotou a maior parte de sua carreira a responder a uma questão em que estava pessoalmente interessado e que podia testar em si mesmo: quão rápido e quão longe uma pessoa consegue correr?[7]

Considerando o meu corpo, o seu ou o de Hill, qual é teoricamente o limite do quanto podemos nos forçar? Era a essa pergunta que ele estava tentando responder.

O trabalho inicial de Hill se baseava na ideia de que o desempenho atlético máximo depende dos músculos do corredor — sobretudo o coração.[8] Se o meu coração consegue bombear mais sangue que o seu para os músculos envolvidos na corrida, consigo correr mais rápido. Isso era algo que podia ser medido claramente, e Hill ganhou o prêmio Nobel de Medicina em 1922 por sua contribuição para o entendimento da mecânica corporal.

A ideia de que é possível medir a velocidade máxima que um corredor é capaz de alcançar fazia sentido, e no laboratório e na pista de teste ela meio que se sustentou.

Mas em uma pista de corrida no mundo real a história é diferente. Os cálculos de Hill se mostraram praticamente inúteis no que dizia respeito a prever quem seriam os vencedores.[9]

Se os atletas mais competitivos fossem aqueles com o coração mais forte e a maior capacidade de transportar oxigênio, descobrir o melhor deles seria um processo inequívoco.

Mas não é.

Um grande atleta tem uma probabilidade muito maior de ter um coração mais forte do que o de uma pessoa sedentária. Mas a correlação entre capacidade cardiovascular e desempenho atlético está longe de ser direta, razão pela qual corridas como maratonas e provas olímpicas são tão empolgantes. Às vezes um grande atleta falha sob pressão. Às vezes quem vence o páreo é o azarão.

Hill, outrora aferrado à ideia de que o desempenho atlético estava relacionado unicamente à capacidade muscular, ficou perplexo.[10] Quando lhe perguntaram por que seus cálculos haviam sido de pouca utilidade para prever quem seriam os vencedores, ele respondeu: "Para falar a verdade, a gente não faz isso porque é útil, mas porque é divertido".[11]

Mas ao final ele acabou por descobrir o que estava acontecendo, e mudou para sempre o modo como os cientistas pensam sobre o desempenho atlético.

O desempenho atlético não tem a ver apenas com as coisas de que somos fisicamente capazes, mas também com as coisas de que somos capazes no contexto do que o cérebro está disposto a suportar em função da relação risco/ recompensa em determinado momento.

A função primordial do cérebro é impedir nossa morte. Assim, como o limitador de velocidade de um carro, ele não nos permitirá recorrer a nosso desempenho máximo — o que poderia nos exaurir a ponto de nos tornar vulneráveis —, a menos que os riscos envolvidos sejam suficientemente altos. O cérebro nos desliga em um "limite" físico mais baixo quando o risco do esforço não vale a recompensa.

Os limites físicos da corrida numa pista de teste serão diferentes dos limites físicos numa final olímpica, que por sua vez serão diferentes dos limites físicos ao se ser perseguido por um assassino com um machado.

Isso ajuda a explicar histórias malucas sobre pessoas levantando carros quando alguém está preso embaixo dele, correndo risco de vida. As capacidades se manifestam em função das circunstâncias.

No começo, Hill dizia que "nosso corpo é uma máquina cujo gasto de energia pode ser cuidadosamente medido".

Mais tarde, à medida que adquiriu uma visão mais nuançada do desempenho humano, ele comentou que "o atletismo vai além da mera química".

Havia um aspecto comportamental e psicológico muito mais difícil de mensurar.

Ninguém sabe como um atleta pode se sair até colocá-lo no calor do momento, com as pressões, os riscos e os incentivos das condições do mundo real, que não podem ser reproduzidos em laboratório.

Hill, por uma interessante coincidência, era casado com a irmã de John Maynard Keynes, o economista britânico.

Keynes havia revelado em seu trabalho que as economias não são máquinas. Elas têm alma, emoções e sentimentos. Ele as chamou de "espíritos animais".

Hill descobriu o mesmo, mas em relação a nossos corpos. Ele os chamou de "fatores morais". Nossos corpos não são máquinas, e não devemos esperar que tenham o desempenho de máquinas. Eles possuem sentimentos, emoções e medos que regulam aquilo de que somos capazes.

Tudo isso é muito difícil de medir.

———

O investidor Jim Grant afirmou certa vez:

> Supor que o valor de uma ação ordinária é determinado puramente pelos lucros de uma empresa, descontadas as taxas de juros relevantes e feitos os devidos ajustes na alíquota marginal, significa esquecer que as pessoas já queimaram bruxas, entraram em guerras impulsivamente, lutaram em defesa de Ióssif Stálin e acreditaram em Orson Welles quando ele afirmou no rádio que os marcianos haviam pousado na Terra.

Sempre foi assim, e sempre será.

Todo custo de investimento e toda avaliação de mercado são apenas um número de hoje multiplicado por uma narrativa sobre o amanhã.

Os números são fáceis de medir, acompanhar, formular. As coisas estão ficando cada vez mais fáceis, uma vez que quase todo mundo hoje tem acesso barato à informação.

Mas as narrativas são com frequência um reflexo bizarro de nossas esperanças, sonhos, medos, inseguranças e afiliações tribais. E estão se tornando mais bizarras conforme as mídias sociais amplificam as opiniões de maior apelo emocional.

Alguns exemplos de como isso pode ser poderoso:

O Lehman Brothers estava com tudo em 10 de setembro de 2008. O índice de capital de nível 1 do banco, que mede a capacidade de suportar perdas, era de 11,7%. Maior que o do trimestre anterior. Maior que o do Goldman Sachs. Maior que o do Bank of America. Era mais capital do que o Lehman tinha em 2007, quando a indústria bancária nunca havia estado tão forte.

Setenta e duas horas depois, o Lehman ia à falência.

A única coisa que mudou nesses três dias foi a confiança dos investidores no banco. Num dia eles acreditavam no Lehman e compravam suas dívidas. No dia seguinte essa convicção desapareceu, e os fundos também.

Essa confiança é a única coisa que importa. Mas era o aspecto mais difícil de quantificar, modelar e prever — e, em termos de avaliação tradicional, não era computável.

Com a GameStop se deu o contrário. Em 2020, a empresa parecia prestes a fechar. Então, virou uma obsessão cultural no Reddit, viu suas ações explodirem e levantou uma tonelada de dinheiro — em 2021, valia 11 bilhões de dólares.

Deu-se o mesmo: a variável mais importante eram as histórias que as pessoas contavam a si mesmas. E essa era a única coisa impossível de medir e de prever. Por isso os resultados não parecem razoáveis.

Sempre que algo assim acontece, vemos as pessoas chocadas e furiosas com a forma como o mundo se distanciou dos fundamentos.

Mas Grant tinha razão: sempre foi assim.

Os anos 1920 foram vertiginosos. Os anos 1930 foram puro pânico. Nos anos 1940, o mundo caminhava para o abismo. Os anos 1950, 1960 e 1970 foram da expansão à recessão, sucessivas vezes. Os anos 1980 e 1990 foram insanos. E a década de 2000 pareceu um reality show.

Se nos fiássemos apenas nos dados e na lógica para tentar compreender a economia, ficaríamos confusos por um século.

O economista Per Bylund observou: "O conceito de valor econômico é simples: qualquer coisa que as pessoas desejam tem valor, qualquer que seja o motivo (quando há um)".

Não estamos falando aqui de utilidade, nem de lucros — o que importa é se desejamos ou não alguma coisa, *qualquer que seja* o motivo. Tantas coisas que acontecem na economia estão enraizadas nas emoções que às vezes pode ser quase impossível encontrar uma explicação para elas.

A meu ver, parece óbvio que a única coisa que não podemos medir, prever ou modelar numa planilha é ao mesmo tempo a força mais poderosa em todo o mundo dos negócios e investimentos — bem como no mundo militar. O mesmo acontece na política, nas carreiras, nos relacionamentos. Há muitas coisas que não parecem razoáveis.

O perigo, que vemos com frequência nos investimentos, é quando as pessoas vão na onda de McNamara — ficam tão obcecadas com dados e tão confiantes em seus modelos que não deixam margem para erro ou surpresa, tampouco para comportamentos insensatos, estúpidos e inexplicáveis. Elas vivem se perguntando: "Por que isso aconteceu?", e esperam por uma resposta racional. Ou pior, vivem confundindo o que aconteceu com o que acham que deveria ter acontecido.

Os que prosperam no longo prazo são aqueles capazes de compreender que o mundo real é uma série infindável de absurdos, confusão, relacionamentos complicados e pessoas imperfeitas.

Extrair sentido desse mundo exige admitir algumas coisas.

John Nash foi um dos maiores matemáticos que já viveu, e chegou a ganhar o prêmio Nobel. Também era esquizofrênico, e passou a maior parte da vida convencido de receber mensagens em código de alienígenas.

Em seu livro *Uma mente brilhante*, Sylvia Nasar relata uma conversa entre Nash e George Mackey, professor de Harvard:

"Como é que você, um matemático, um homem devotado à razão e à demonstração lógica... como é que você pôde acreditar que extraterrestres lhe mandavam mensagens? Que você estava sendo recrutado por alienígenas do espaço sideral para salvar o mundo? Como isso foi possível...?"

Com seu sotaque sulista arrastado e suave, como se estivesse falando para si próprio, Nash respondeu, devagar: "As ideias que eu tinha sobre criaturas sobrenaturais vinham a mim da mesma forma que minhas ideias matemáticas. Por isso eu as levava a sério".

O primeiro passo para aceitar que há coisas que não são computáveis é perceber que a razão pela qual desfrutamos de inovações e avanços tem a ver com a nossa boa sorte de haver pessoas no mundo cuja mente opera de forma diferente da nossa.

Seria ótimo se o mundo funcionasse de maneira previsível e racional. Mas a incerteza constante, os mal-entendidos e a incapacidade de saber o que alguém fará a seguir são a realidade. O escritor Robert Greene observou: "A necessidade de certeza é a maior doença que a mente enfrenta". É ela que nos leva a ignorar o fato de que o mundo não é uma grande planilha em que os resultados podem ser computados. Jamais chegaríamos a lugar algum se todos vissem o mundo como um conjunto cristalino de regras racionais a serem seguidas.

O passo seguinte é aceitar que o que é racional para uma pessoa pode parecer absurdo para outra. Tudo seria computável se todos tivessem os mesmos horizontes de tempo, objetivos, ambições e tolerância ao risco. Mas não é assim que as coisas são. Entrar em pânico e vender suas ações após elas caírem 5% é uma ideia terrível se você for um investidor de longo prazo, e um imperativo de carreira se você for um *trader* profissional. Não existe um mundo em que cada negócio ou decisão de investimento que vemos os outros fazendo se alinhe a nossas esperanças e sonhos de como as coisas deveriam ser.

O terceiro passo é compreender o poder dos incentivos. Uma bolha financeira pode parecer irracional, mas as pessoas que trabalham nas indústrias afetadas — corretores de hipoteca em 2004 ou corretores de ações em 1999 — lucram tanto com elas que há um poderoso incentivo para manter a música tocando. Eles iludem não apenas seus clientes como também a si próprios.

Por último vem o poder das narrativas sobre as estatísticas. "O preço dos imóveis em relação à renda média encontra-se hoje acima de sua média histórica, e tende a regredir à média." Isto é uma estatística. "Jim ganhou 500 mil dólares especulando com imóveis e agora pode se aposentar mais cedo. Sua esposa o acha incrível." Isto é uma narrativa. E, no momento, bem mais persuasiva.

Computar esse tipo de coisa é difícil, mas é assim que o mundo funciona.

No próximo capítulo, examinaremos a indefectível capacidade que a vida tem de passar de um absurdo a outro.

A calma planta as sementes da loucura

Louco não significa defeituoso.
Louco é normal; mais que louco *é normal.*

Existe um ciclo muito comum de ganância e medo. É mais ou menos assim:

Primeiro presumimos que as coisas boas são permanentes.

Depois ficamos anestesiados para as coisas ruins.

Depois ignoramos as coisas ruins.

Depois negamos as coisas ruins.

Depois entramos em pânico com as coisas ruins.

Depois aceitamos as coisas ruins.

Depois presumimos que as coisas ruins são permanentes.

Depois ficamos anestesiados para as coisas boas.

Depois ignoramos as coisas boas.

Depois negamos as coisas boas.

Depois aceitamos as coisas boas.

Depois presumimos que as coisas boas são permanentes.

E voltamos ao ponto onde começamos. O ciclo se repete.

Examinemos mais a fundo por que esse ciclo acontece, e por que sempre acontecerá.

———

A década de 1960 foi um período de otimismo científico. Nos cinquenta anos anteriores, o mundo passara dos cavalos e carroças aos foguetes, da sangria ao transplante de órgãos.

Isso levou a um esforço entre os economistas para tentar erradicar o flagelo das recessões. Se podíamos lançar mísseis balísticos intercontinentais e andar na Lua, certamente poderíamos evitar dois trimestres de PIB negativo.

Hyman Minsky, que passou a maior parte de sua carreira como economista na Universidade de Washington em St. Louis, era fascinado pela natureza cíclica de prosperidade e declínio das economias. Ele também achava que a ideia de erradicar as recessões era absurda e sempre seria.

A teoria seminal de Minsky foi chamada de hipótese da instabilidade financeira.[1]

A teoria não pega pesado na matemática e nas fórmulas. Ela descreve um processo psicológico que funciona basicamente da seguinte maneira:

- Quando uma economia é estável, as pessoas ficam otimistas.
- Quando as pessoas estão otimistas, incorrem em dívidas.
- Quando incorrem em dívidas, a economia se torna instável.

A grande ideia de Minsky era que *a estabilidade é desestabilizadora*. Uma ausência de recessões na verdade planta as sementes da próxima, e é por isso que nunca conseguimos nos livrar delas.

"Em períodos de prosperidade prolongada, a economia transita de relações financeiras que contribuem para um sistema estável a relações financeiras que contribuem para um sistema instável", escreveu ele.

Alimentar a crença de que tudo vai dar certo nos conduz — como uma lei da física — a algo que dá errado.

Isso se aplica a um monte de coisas.

Imagine um mundo onde a bolsa nunca caiu. A estabilidade do mercado é praticamente assegurada e as ações apenas sobem.

O que você faria?

Compraria o máximo de ações que pudesse. Hipotecaria sua casa e compraria mais ações. Consideraria vender um rim para comprar mais. Seria a coisa mais razoável a fazer!

E, no processo, o preço das ações subiria. Suas avaliações ficariam cada vez mais caras. Tão caras que as perspectivas de retorno futuro cairiam para quase zero.

E, nesse preciso momento, as sementes do colapso começariam a brotar.

Quanto mais elevadas as avaliações, mais os mercados ficam expostos a serem pegos desprevenidos pela capacidade que a vida tem de nos surpreender de maneiras que jamais imaginamos.

A surpresa tem seis características comuns:

- Informação incompleta
- Incerteza
- Aleatoriedade
- Acaso
- Timing infeliz
- Incentivos fracos

Com o preço dos ativos inflacionado e nenhuma margem para erro, os mercados ficariam por um fio, quebrando ao primeiro indício de qualquer coisa inferior à perfeição.

Ironicamente, quando há garantias de que os mercados não vão quebrar — ou, de forma mais realista, quando as pessoas acreditam nisso —, a probabilidade de que eles quebrem é muito maior.

A mera ideia de estabilidade provoca um movimento *inteligente e racional* no sentido de aumentar os preços dos ativos o suficiente para causar instabilidade.

A estabilidade é desestabilizadora.

Ou, dito de outra forma: a calma planta as sementes da loucura. Sempre foi, sempre será.

———

"Tudo parece sem precedentes quando não se tem conhecimento da história", escreveu Kelly Hayes.[2]

É uma ideia muito importante.

O historiador Dan Carlin afirmou em seu livro *The End Is Always Near*:

> Praticamente nada nos separa mais dos seres humanos de outras eras do que o fato de sermos muito menos afetados pelas doenças. [...] Se os seres humanos modernos convivessem durante um ano com o tipo de taxa de mortalidade que incidia sobre nossos antepassados pré--industriais, a sociedade entraria em choque.[3]

De modo geral, a vida nunca foi tão segura como na era moderna. E, na prática, todas as melhorias do último século resultaram de um declínio nas doenças infecciosas.[4] Em 1900, cerca de oitocentos em cada 100 mil americanos morriam todos os anos de alguma doença infecciosa. Em 2014, essa proporção caiu para 46 em 100 mil — uma queda de 94%.

Esse declínio provavelmente é a melhor coisa que já aconteceu à humanidade.

Encadear essa frase com um "porém" seria ir longe demais. Foi uma coisa inteiramente boa e ponto-final.

Porém, isso gera uma anomalia.

O declínio na mortalidade por doenças infecciosas deixou o mundo menos equipado para lidar com elas — talvez não em termos médicos, mas sem dúvida em termos psicológicos. O que há cem anos era uma parte trágica e esperada da vida é hoje uma parte trágica e *inconcebível* da vida moderna — e foi por isso que a pandemia de covid-19 foi tão chocante e devastadora.

Clark Whelton, antigo redator de discursos de Ed Koch, prefeito de Nova York, escreveu:

> Para os que cresceram nas décadas de 1930 e 1940, não era nada incomum ver-se sob a ameaça de uma doença contagiosa. A caxumba, o sarampo, a catapora e a rubéola varreram escolas e cidades inteiras; tive todas as quatro. A pólio causava um grande número de vítimas todos os anos, levando milhares de pessoas (na maioria crianças) à paralisia ou à morte. Não havia vacinas. A infância correspondia a atravessar um corredor polonês de doenças infecciosas.[5]

Compare isso à minha geração — que se beneficia de meia dúzia de vacinas algumas semanas após o nascimento — e é como se habitássemos mundos diferentes. Sou incapaz de depreender o que era normal há duas gerações.

Imagino que, se tivesse atacado o mundo em 1920, a covid-19 não passaria de uma página nos livros de história sobre mais uma pandemia mortal em meio a uma longa lista de tragédias comuns. Mas, como ocorreu no ano comparativamente calmo de 2020, ela deixou uma marca que remodelou o modo como as pessoas pensam sobre riscos virais.

O curioso a se ponderar aqui é a versão de Hyman Minsky sobre esse desenrolar das coisas.

Será que a ausência de pandemias nos últimos cinquenta anos não deixou o mundo mais vulnerável à covid-19? O declínio das doenças infecciosas teria nos levado a subestimar a probabilidade de que pudessem ocorrer nos tempos modernos?

Parte do que tornou a covid-19 perigosa foi ficarmos tão bons em prevenir pandemias no último século que pouca gente antes de 2020 imaginava que uma doença infecciosa pudesse causar impacto em sua vida. Era algo difícil de entender. Portanto, quando a pandemia chegou, as pessoas estavam totalmente despreparadas. A ironia dos tempos de vacas gordas é que eles geram complacência e ceticismo em relação a advertências.

Os epidemiologistas vinham alertando havia anos que algo como a covid-19 poderia acontecer — mas suas palavras encontraram na maior parte das vezes ouvidos moucos, além de um público inclinado a pensar que as pandemias se restringiam aos livros de história e a outras partes do mundo. É difícil convencer as pessoas sobre o risco de um perigo que elas presumem ter derrotado.

"À medida que fazia seu trabalho, a saúde pública tornou-se um alvo" de cortes orçamentários, afirmou em 2020 Lori Freeman, diretora-executiva da Associação Americana dos Profissionais de Saúde.[6]

A calma havia plantado as sementes da loucura. E isso acontece com muita frequência.

Eis uma ironia comum:

- A paranoia leva ao sucesso porque nos mantém vigilantes.
- Mas a paranoia é estressante, de modo que a abandonamos tão logo alcançamos o sucesso.
- Só que agora abandonamos o que nos conduziu ao sucesso e começamos a declinar — o que é ainda mais estressante.

Isso acontece nos negócios, nos investimentos, nas carreiras, nos relacionamentos — em tudo.

―――――――

Carl Jung tinha uma teoria chamada enantiodromia. É a ideia de que o excesso de algo dá origem a seu oposto.

Deixe-me dar um exemplo extraído da Mãe Natureza.

Em meados da década de 2010, a Califórnia foi atingida por uma seca de proporções épicas. Depois veio 2017, trazendo uma umidade absurda. Partes do lago Tahoe receberam — não estou inventando — quase vinte metros de neve em poucos meses.[7] Foi declarado o fim da seca de seis anos.

Que maravilha, poderíamos pensar. Só que as coisas descarrilaram de um jeito inesperado.

A chuva recorde em 2017 levou a um crescimento recorde da vegetação no verão. O evento foi chamado de superflorescimento e deixou até as cidades no deserto cobertas de verde.[8]

Uma nova seca em 2018 resultou na morte dessa vegetação, que acabou virando lenha de fogueira. O que levou a alguns dos maiores incêndios florestais que a Califórnia já presenciou.

Assim, a chuva recorde levou a uma queimada recorde.

Essa situação possui um longo histórico, que pode ser verificado pela análise dos anéis de árvores, onde ficam registrados tanto os períodos de chuva pesada quanto as cicatrizes dos incêndios subsequentes. As duas coisas andam de mãos dadas. "Um ano úmido reduz os incêndios e aumenta o crescimento da vegetação, mas essa vegetação acaba por secar em anos subsequentes sem chuva, aumentando assim a quantidade de material combustível", afirmou a agência americana responsável pelo monitoramento dos oceanos e da atmosfera.[9]

Isso não é lá muito intuitivo, mas aqui está, outra vez: a calma planta as sementes da loucura.

O que a calma plantando as sementes da loucura faz é importante: em essência, ela nos leva a subestimar as chances de que algo dê errado, bem como as consequências de algo dar errado. As coisas provavelmente nunca são tão perigosas quanto no momento em que as julgamos mais seguras.

Após o tabefe em Chris Rock no palco do Oscar, Will Smith procurou o conselho de Denzel Washington, que disse: "No seu momento mais grandioso, tome cuidado. É nessa hora que o diabo vem atrás de você".

———

Uma palavra final sobre por que as coisas tendem a sair do controle. Isso acontece porque o otimismo e o pessimismo precisam sempre exceder o que parece razoável, uma vez que a única forma de descobrir os limites do possível é aventurar-se um pouco além deles.

Jerry Seinfeld tinha o programa mais popular da TV americana. Então parou.

Mais tarde, ele afirmou ter encerrado a série quando ela estava no auge porque a única maneira de saber se chegamos ao topo é passando pelo declínio, coisa que ele não tinha interesse em fazer. Talvez seu programa continuasse numa ascendente, talvez não. Ele não se incomodava de não saber a resposta.

Se há uma longa história de economias e mercados sempre ultrapassando os limites da sanidade, pipocando da expansão à recessão, da bolha à quebra, é porque tão pouca gente tem a mentalidade de Seinfeld. Queremos descobrir onde fica o topo, e a única maneira de fazer isso é insistindo em seguir adiante, até termos ido longe demais, quando então podemos olhar para trás e dizer: "Ah, acho que *ali* era o topo".

As ações estão supervalorizadas? Quanto vale um bitcoin? Até onde a Tesla pode chegar? É impossível responder a essas questões com uma fórmula. São coisas movidas por seja lá o que alguém esteja disposto a pagar por elas em um dado momento — como se sentem, no que querem acreditar e até que ponto os contadores de história são persuasivos. E as narrativas mudam o tempo todo. Podemos prevê-las tão bem tanto quanto podemos prever como estará nosso humor daqui a três anos.

Se um investimento tem potencial para render mais, alguém em algum lugar fará um teste para descobrir. O desejo humano de enriquecer ultrapassa de longe o número de oportunidades fáceis e óbvias. Se pusermos uma caixa no meio da rua e ao lado dela um cartaz dizendo "Esta caixa pode conter uma oportunidade", alguém sempre irá abri-la. O que corresponde a dizer: precisamos identificar onde fica o topo.

Por isso os mercados não respeitam os limites da sanidade, e por isso sempre se excedem na dose de pessimismo e otimismo. *Têm de fazê-lo.*

A única maneira de saber se esgotamos todas as oportunidades potenciais dos mercados — a única maneira de identificar o topo — é levando-os não apenas além do ponto em que os números deixam de fazer sentido, mas além das narrativas sobre esses números nas quais as pessoas acreditam.

Quando uma fabricante de pneus desenvolve um novo produto e quer saber seus limites, o procedimento é simples. Basta pôr o pneu em um carro e rodar com ele até estourar. Os mercados, no desespero de saber quais são os limites dos investidores, fazem o mesmo.

Sempre foi assim, e sempre será.

Há duas coisas que podemos fazer a respeito.

Uma é aceitar que louco não significa defeituoso. Louco é normal; *mais que louco* é normal.

De tantos em tantos anos aparece alguém afirmando que os mercados não funcionam mais: que são pura especulação ou se afastaram dos fundamentos. Mas sempre foi assim. As pessoas não perderam a cabeça; estão simplesmente sondando as fronteiras daquilo em que outros investidores se dispõem a acreditar.

A segunda é compreender o poder de dizer "basta!". Ser mais como Seinfeld. Quando questionado sobre como conseguir os maiores retornos, o investidor Chamath Palihapitiya respondeu: "Na verdade, eu adoraria obter um rendimento composto de 15% ao ano. Pois, se conseguir fazer isso por cinquenta anos, os ganhos serão imensos. Apenas ir devagar e sempre contra os problemas difíceis".[10]

Pode até ser que haja mais potencial em algum lugar por aí, mas tudo bem se você disser: "Quer saber? Estou bastante satisfeito com esse nível de risco e não me importo de ficar apenas assistindo ao jogo". Não é para qualquer um, e os mercados raramente conseguem fazer isso, mas deveria haver mais pessoas dispostas a tentar.

A seguir, vamos falar sobre outro problema insano: nossa tendência a querer que as boas coisas sejam maiores e mais rápidas.

Coisas demais, cedo demais, rápido demais

Anabolizada, uma boa ideia rapidamente se torna péssima.

Warren Buffett gracejou certa vez que não se pode fazer um bebê em um mês engravidando nove mulheres.

Mas você ficaria surpreso ao ver como é comum as pessoas tentarem acelerar um processo para além de sua capacidade.

Sempre que descobrimos algo valioso — sobretudo um investimento lucrativo ou uma habilidade especial —, tendemos a nos perguntar: "Perfeito, mas será que consigo ter tudo isso mais rápido?". Pressionar duas vezes mais? Fazer dobrar de tamanho? Dá para espremer e tirar ainda mais?

A questão é natural e compreensível.

Mas a história é cheia de exemplos em que pegamos algo valioso e pressionamos demais, aceleramos demais, exigimos demais.

A maioria das coisas tem um tamanho e uma velocidade naturais, e descarrilam rapidamente quando as forçamos além do limite.

Deixe-me contar sobre Robert Wadlow. Ele era enorme, o maior ser humano que já existiu.

Por conta de uma anomalia em sua glândula pituitária, o corpo de Wadlow era bombardeado sem parar com o hormônio do crescimento, o que o levou a um tamanho estarrecedor. Aos sete anos, ele tinha 1,83 metro; aos onze, 2,13 metros; e, quando morreu, aos 22 anos, 2,74 metros. Além disso, pesava 199 quilos e calçava sapatos tamanho 73. Sua mão tinha trinta centímetros de largura.

Ele era o que um ficcionista poderia descrever como um atleta sobre-humano, capaz de correr mais rápido, pular mais alto, erguer mais peso e esmagar mais bandidos do que qualquer pessoa normal. Um autêntico Paul Bunyan.

Mas a vida de Wadlow não teve nada disso.

Ele precisava usar órteses de aço nas pernas para se aguentar de pé e uma bengala para caminhar. Mais mancava que andava, e ainda assim com um tremendo esforço. Os poucos vídeos de Wadlow mostram um homem de movimentos tensos e desajeitados, que raramente podia ser visto de pé sem ajuda e costumava se apoiar nas paredes. Tamanho era o peso suportado por suas pernas que no fim da vida ele havia praticamente perdido a sensibilidade abaixo dos joelhos. Se tivesse vivido mais e continuado a crescer, uma caminhada casual teria quebrado os ossos de seus membros inferiores. O que o matou foi quase tão sombrio quanto: Wadlow tinha pressão arterial elevada nas pernas devido ao esforço que seu coração fazia para bombear o sangue por seu enorme corpo, o que causou uma úlcera, que por sua vez levou a uma infecção fatal.

Não é possível triplicar o tamanho de um ser humano e esperar triplicar seu desempenho — a mecânica não funciona dessa forma. Animais muito grandes costumam ter pernas curtas e atarracadas (rinocerontes) ou extremamente longas em relação ao torso (girafas). Wadlow ficou grande demais para a estrutura do corpo humano. Existem limites para o crescimento escalar.

O biólogo J. B. S. Haldane, escrevendo antes do tempo de Wadlow, mostrou que esse problema de escala se aplica a muitas coisas.[1]

Uma pulga consegue saltar sessenta centímetros no ar; um homem atlético, 120. Mas, se a pulga tivesse o tamanho do homem, não saltaria milhares de metros — a escala não funciona dessa maneira. A resistência do ar seria muito maior para a pulga gigante, e a quantidade de energia necessária para saltar determinada altura é proporcional ao peso. Se uma pulga fosse mil vezes maior do que seu tamanho normal, seu salto talvez aumentasse para quase dois metros, presumiu Haldane.

Ao se erguer de uma banheira, um homem tem cerca de meio quilo de água pingando do corpo — nada muito impressionante. Um camundongo encharcado, por sua vez, carrega o equivalente a seu peso corporal em excesso de água, e uma mosca molhada fica para todos os efeitos pregada no chão. A mesma ação em tamanhos diferentes produz problemas imensamente diferentes.

"Para cada tipo de animal existe um tamanho mais conveniente, e uma mudança de tamanho acarreta inevitavelmente uma mudança de forma", escreveu Haldane.

Um tamanho mais conveniente.

Um estado adequado em que as coisas funcionam bem, implodindo quando tentamos multiplicar seu tamanho ou velocidade.

Isso se aplica a muitas coisas na vida.

———

Um bom resumo da história dos investimentos seria que as ações rendem uma fortuna a longo prazo, mas também prejuízos quando exigimos receber mais rápido.

Eis a frequência com que o mercado de ações americano gerou um retorno positivo baseado no tempo em que ficamos com as ações na mão.[2]

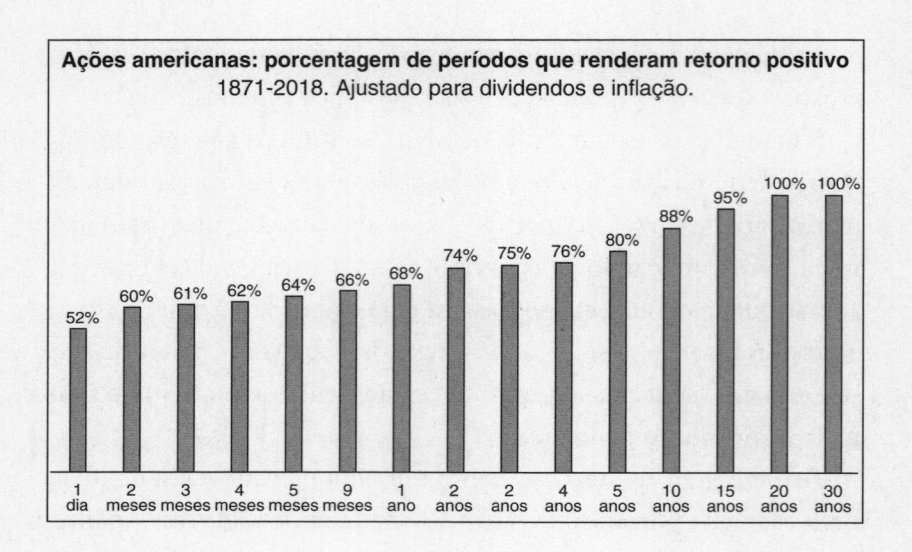

Ações americanas: porcentagem de períodos que renderam retorno positivo
1871-2018. Ajustado para dividendos e inflação.

1 dia	2 meses	3 meses	4 meses	5 meses	9 meses	1 ano	2 anos	2 anos	4 anos	5 anos	10 anos	15 anos	20 anos	30 anos
52%	60%	61%	62%	64%	66%	68%	74%	75%	76%	80%	88%	95%	100%	100%

Uma maneira de pensar sobre esse gráfico é que há um horizonte de tempo de investimento "mais conveniente" — provavelmente algo em torno de dez anos ou mais. Esse é o período após o qual os mercados quase sempre recompensam sua paciência. Quanto mais comprimimos nosso horizonte de tempo, mais dependemos da sorte e nos expomos à ruína.

Basta percorrer a lista de mancadas históricas em investimento para constatar que nada menos que 90% delas são causadas por investidores tentando comprimir esse horizonte em um intervalo "mais conveniente".

A mesma coisa acontece com as empresas.

O Starbucks tinha 425 estabelecimentos em 1994, em seu 23º ano de existência. Em 1999, *abriu* mais 625 lojas. Em 2007, o ritmo era de 2500 novas lojas por ano — uma nova cafeteria a cada quatro horas.

Uma coisa levou a outra. A necessidade de cumprir metas de crescimento acabou por tomar o lugar da análise racional. Exemplos da saturação do Starbucks viraram piada. O crescimento das vendas por unidade caiu pela metade, ainda que o restante da economia prosperasse.

Howard Schultz, o CEO da empresa, escreveu à alta direção em 2007: "Para passar de menos de mil lojas para 13 mil tivemos de tomar uma série de decisões que, em retrospecto, levaram à diluição da experiência Starbucks".[3] A rede fechou seiscentas lojas em 2008 e dispensou 12 mil funcionários. Suas ações caíram 73%, um desempenho tenebroso até para os padrões de 2008.

Em seu livro *Onward*, de 2011, Schultz escreveu: "O crescimento, como sabemos muito bem agora, não é uma estratégia, mas uma tática. E, quando o crescimento indisciplinado se tornou uma estratégia, nós nos perdemos".

Havia um tamanho mais conveniente para o Starbucks — cada negócio tem o seu. Force além desse limite e você vai perceber que a receita até pode aumentar, mas que a quantidade de clientes insatisfeitos aumentará ainda mais rápido — da mesma forma que Robert Wadlow se tornou um gigante mas tinha dificuldade para andar.

Harvey Firestone, o magnata dos pneus, compreendeu isso bem, e escreveu em 1926:

> Não compensa tentar ter o negócio todo de uma vez. Em primeiro lugar, você não consegue, e assim boa parte do seu dinheiro é desperdiçada. Em segundo lugar, mesmo que você conseguisse, a fábrica não saberia lidar com isso. E, em terceiro lugar, ainda que você conseguisse, seria incapaz de mantê-lo. Uma empresa que constrói seu negócio rápido demais é mais ou menos como um menino que ganha dinheiro rápido demais.[4]

Fusões corporativas costumam ser vítimas da mesma armadilha. O crescimento por aquisição muitas vezes ocorre quando a direção deseja um crescimento mais acelerado do que os clientes acham que o negócio merece. O desejo dos clientes tende a estar mais próximo do tamanho "mais conveniente" de um negócio, e alimentá-lo à força além desse ponto provoca todo tipo de decepção.

Nassim Taleb afirma ser libertário no nível federal, republicano no nível estadual, democrata no nível local e socialista no nível familiar. As pessoas lidam com o risco e a responsabilidade de maneiras totalmente diferentes quando um grupo aumenta de quatro pessoas para cem, de cem para 100 mil e de 100 mil para 100 milhões.

O mesmo vale para a cultura corporativa. Um estilo de gestão que funciona brilhantemente em uma empresa de dez pessoas pode destruir uma empresa de mil pessoas — uma lição difícil de aprender quando alguns negócios crescem tão rapidamente. Travis Kalanick, antigo CEO do Uber, é um ótimo exemplo. Ninguém senão dele foi capaz de fazer a empresa crescer no começo, e, à medida que a empresa amadurecia, passou a precisar de qualquer um que não ele. Não acho que isso seja uma falha, apenas um reflexo de que certas coisas não são escaláveis.

Há uma infinidade de exemplos similares na natureza para enfatizar que uma boa ideia, quando acelerada, pode rapidamente se transformar numa péssima ideia.

―――――

A maioria das árvores jovens passa as primeiras décadas à sombra do dossel onde nasceu. A limitação de luz solar significa que crescem lentamente. O crescimento lento produz uma madeira densa, dura.

Mas uma coisa interessante acontece quando plantamos uma árvore em um campo aberto: livre da sombra de árvores maiores, ela se farta de luz e cresce rapidamente.

O crescimento rápido leva à formação de uma madeira macia e porosa, que não teve tempo para ficar mais densa. E madeira macia e porosa é um campo fértil para fungos e doenças. "Uma árvore que cresce rápido apodrece rápido, e assim nunca tem a chance de envelhecer", escreveu o engenheiro florestal Peter Wohlleben.[5] A pressa é inimiga da perfeição.

Ou vejamos o crescimento animal.

Pegue dois grupos de filhotes idênticos de peixe. Ponha um deles em água anormalmente fria e o outro em água anormalmente quente. Existe uma determinada temperatura em cada extremo que provoca algo interessante: os peixes que vivem em águas frias crescem mais lentamente do que o normal, enquanto os que vivem em águas quentes crescem mais rápido.

Devolva os dois grupos à água de temperatura regular e eles acabarão convergindo para se tornar adultos normais, plenamente formados.

Mas então algo surpreendente acontece.

Os peixes de crescimento lento em seus anos iniciais viverão 30% além da média. Os peixes de crescimento artificialmente turbinado morrerão 15% aquém da média.

Foi o que uma equipe de biólogos da Universidade de Glasgow descobriu.[6]

Existe um bom motivo para isso. O crescimento turbinado leva à danificação de tecidos e, como afirmaram os biólogos, "só pode ser alcançado desviando os recursos de manutenção e reparo das biomoléculas danificadas". O crescimento desacelerado faz o contrário, "permitindo maior alocação de recursos a atividades de manutenção e reparo".

"É razoável esperar que máquinas construídas às pressas falhem mais rápido do que máquinas construídas de forma cuidadosa e metódica, e nosso estudo sugere que a mesma lógica se aplica aos corpos", afirmou Neil Metcalfe, um dos pesquisadores.

O crescimento é bom, até porque os mais fracos acabam sendo devorados. Mas o crescimento forçado, acelerado, *artificial*, tende a sair pela culatra.

———

"O maior impedimento à criatividade é nossa impaciência, o desejo quase inevitável de acelerar o processo, expressar algo e causar sensação", escreveu Robert Greene.

Um aspecto importante dessa questão é que a maior parte das grandes coisas da vida — amor, carreira, investimento — adquire seu valor com base em dois fatores: paciência e escassez. Paciência para deixar algo crescer e escassez para admirar o resultado desse crescimento.

Mas quais são as duas estratégias mais comuns quando as pessoas buscam algo grandioso? Tentar acelerar o processo e aumentar sua escala.

Isso sempre foi e sempre será um problema.

O mesmo de sempre.

A seguir, examinemos um tema atemporal: como, quando e por que as pessoas encontram motivação.

Quando a magia acontece

*O estresse foca a nossa atenção de uma maneira
que os bons tempos não conseguem.*

Uma verdade constante que observamos ao longo da história é que as maiores mudanças e as inovações mais importantes não acontecem quando todos estão felizes e as coisas vão bem. Elas tendem a ocorrer durante e após algum evento terrível. Quando as pessoas estão sob o efeito de um ligeiro pânico, choque ou preocupação, e quando as consequências de não agir rapidamente são dolorosas demais de suportar.

———

O incêndio da Triangle Shirtwaist Factory foi uma das maiores tragédias da história de Nova York.[1]

Em 25 de março de 1911, a fábrica de blusas femininas pegou fogo com centenas de trabalhadores, a maior parte dos quais mulheres imigrantes — muitas delas adolescentes, poucas com mais de 22 anos.

Em questão de minutos o prédio foi engolido pelas chamas.

Os bombeiros chegaram ao local em pouco tempo, mas suas

escadas não iam além do sexto andar — quatro andares abaixo de onde estavam os desafortunados trabalhadores.

"Todo mundo correu, tentando escapar", disse Bessie Cohen, uma sobrevivente do incêndio.

Os trabalhadores em pânico se amontoaram nas janelas do edifício, em busca de oxigênio.

Uma multidão começou a se aglomerar nas ruas abaixo. Ninguém esqueceria o que viu a seguir.

Um transeunte disse ter visto algo semelhante a um fardo de roupas velhas em chamas cair do prédio e atingir o chão com um baque surdo. Outro comentou que os trabalhadores deviam estar jogando as roupas pela janela a fim de impedir o alastramento do incêndio.

Mas, como os baques não cessavam, logo ficou evidente que eram os trabalhadores da fábrica que se atiravam para a morte.

Primeiro um, depois outro, e então dezenas.

"Tum, tum, tum, tum", foi como descreveu uma testemunha.[2]

As portas e saídas de incêndio da fábrica haviam sido trancadas para evitar que os trabalhadores fizessem pausas fora do horário. Quando um elevador de carga parou de funcionar, o salto para a morte se tornou a única maneira de fugir do inferno.

"Havia uma menina linda que trabalhava comigo, minha amiga Dora", recordou Cohen. "Lembro-me do rosto dela antes de pular."

A tragédia toda se encerrou em menos de trinta minutos: 146 pessoas morreram.

À noite, uma mulher chamada Frances Perkins, que havia testemunhado o incêndio de uma rua abaixo, descreveu a um repórter o que viu:

Eles caíam em grupos de dois ou três, pulando juntos numa espécie de tentativa desesperada. As redes de segurança se romperam. Os bombeiros gritavam para que não pulassem. Mas eles não tinham opção; as chamas estavam logo atrás.

Trinta anos depois, Perkins seria nomeada secretária do Trabalho pelo presidente Franklin D. Roosevelt, tendo sido a primeira mulher a integrar um gabinete presidencial.

Consternada com o incêndio da Triangle, e com o fato de que as mortes poderiam ter sido evitadas — bastava que as portas e saídas de incêndio tivessem permanecido desimpedidas —, Perkins e muitos outros devotaram a vida a lutar pelos direitos dos trabalhadores e por melhores condições de trabalho.

"Movidos por um angustiante sentimento de culpa, nós nos unimos para impedir que esse tipo de desastre voltasse a ocorrer", ela escreveu, chamando o episódio de "um lembrete inesquecível do motivo pelo qual tive de passar a vida toda lutando contra as condições que haviam permitido tal tragédia".

Em muitos aspectos, o incêndio da Triangle marcou o início de um movimento pelos direitos dos trabalhadores que transformou o século XX.

Quase cinquenta anos após o incêndio, Perkins afirmou que o espírito do New Deal — o conjunto de políticas econômicas da década de 1930 concebido para recuperar e reformar a economia americana, com um olhar voltado para os direitos trabalhistas — teve início em 25 de março de 1911.

A despeito de todas as suas trágicas desvantagens, é nos momentos de tensão, sofrimento, consternação, choque e repúdio que a magia acontece.

———

Carros e aviões são duas das maiores inovações dos tempos modernos.

Em seus primeiros dias, porém, havia um detalhe interessante.

Poucos olharam para os primeiros carros e pensaram: "Ah, aí está algo que posso usar para ir ao trabalho".

Poucos viram um avião e pensaram: "Ah, aí está algo que posso usar da próxima vez que tirar férias".

Passaram-se décadas até que as pessoas percebessem esse potencial.

O que elas pensaram primeiro foi: "Será que é possível equipar esse avião com uma metralhadora? Lançar bombas a partir dele?".

Adolphus Greely foi uma das primeiras pessoas fora da indústria automotiva a se dar conta de que a "carroça sem cavalos" podia ser útil. Greely, um general de brigada, adquiriu três carros em 1899 — quase uma década antes do surgimento do Ford Modelo T — para realizar um experimento no Exército americano.

Em uma de suas primeiras menções a automóveis, o *Los Angeles Times* escreveu sobre a aquisição de Greely:

> Ele pode ser utilizado para o transporte de artilharia ligeira, como metralhadoras; para transportar equipamentos, munição e suprimentos; para levar os feridos à retaguarda; e, de modo geral, para a maioria dos propósitos aos quais atualmente se aplica a força de mulas e cavalos.

Nove anos depois, o *Los Angeles Times* publicou uma entrevista com os jovens irmãos Wilbur e Orville Wright, na qual eles falaram sobre as perspectivas de sua nova máquina voadora:

> A utilidade da aeronave, segundo eles, residirá inteiramente em sua vantagem como agente de reconhecimento em tempos de guerra. Eles não têm desejo algum de vender seu invento a uma empresa privada, mas esperam que seja adotado pelo Departamento de Guerra em Washington.

Os irmãos Wright tinham bons motivos para acreditar que isso se concretizaria. Seu único cliente de verdade nos primeiros anos — o único grupo a mostrar interesse em aviões — foi o Exército americano, que adquiriu o primeiro "voador" em 1908.

O interesse inicial do Exército em carros e aviões não foi nenhum golpe de sorte e presciência. Observemos a seguinte lista de grandes inovações em que os militares repetidamente marcaram presença:

- Radar
- Energia atômica
- Internet
- Microprocessadores
- Jatos
- Foguetes
- Antibióticos
- Estradas interestaduais
- Helicópteros
- GPS
- Fotografia digital
- Forno de micro-ondas
- Borracha sintética

Todas elas vieram diretamente dos militares, ou tiveram grande influência deles.

Por quê?

Será que é nas Forças Armadas que encontramos os maiores visionários técnicos? Os engenheiros mais talentosos?

Talvez.

Porém, mais importante, é nelas que se encontram os Grandes Problemas de Verdade que Precisam Ser Resolvidos Imediatamente.

A inovação é movida por incentivos, que vêm em muitas formas.

Pode ser: "Se eu não encontrar uma solução para esse problema, posso acabar no olho da rua". Isso colocará o cérebro para funcionar.

Pode ser também: "Se eu conseguir encontrar uma solução para esse problema, poderei não só ajudar as pessoas como ganhar muito dinheiro". Isso produzirá centelhas criativas.

E finalmente há a questão com que os militares precisam lidar: "Se eu não descobrir como fazer isso imediatamente, vamos todos morrer e Adolf Hitler dominará o mundo". Isso impulsionará a mais incrível resolução de problemas e inovação no mais breve período de tempo que o mundo já viu.

Frederick Lewis Allen descreve a explosão de progresso científico ocorrida durante a Segunda Guerra Mundial:

> Na prática, o que o governo dizia o tempo todo durante a guerra, por meio de seu Departamento de Pesquisa e Desenvolvimento Científico e de outras agências, era o seguinte: "Essa descoberta ou aquela outra possui algum valor possível numa guerra? Em caso afirmativo, comece a trabalhar nela agora mesmo e que se danem as despesas!".[3]

Os militares são motores da inovação porque ocasionalmente lidam com problemas tão importantes — tão urgentes, tão vitais — que questões como dinheiro e mão de obra deixam de ser obstáculos, e os envolvidos colaboram de uma forma que é difícil reproduzir em tempos de paz.

Não podemos comparar os incentivos de programadores do Vale do Silício tentando nos fazer clicar em anúncios a físicos do Projeto Manhattan tentando pôr fim a uma guerra que ameaçava a existência dos Estados Unidos. Suas capacidades tampouco são comparáveis.

As mesmas pessoas, com o mesmo nível de inteligência, exibem um potencial muito diferente sob diferentes circunstâncias.

E as circunstâncias que tendem a produzir as maiores inovações são as que levam as pessoas a ficarem preocupadas, assustadas e ansiosas por se mover rapidamente, porque seu futuro depende disso.

"Nada pode se tornar verdadeiramente resiliente quando tudo vai bem", afirmou o fundador do Shopify, Toby Lütke.[4]

"O excesso de energia liberado pela reação exagerada aos reveses é o que inova!", escreveu Nassim Taleb.

O estresse imprime foco à nossa atenção de uma maneira que os bons períodos não conseguem. Ele elimina a procrastinação e a indecisão, pegando o que precisa ser feito e esfregando na nossa cara, de modo que não nos resta outra opção a não ser correr atrás imediatamente, e lançando mão de toda a nossa capacidade.

Durante a Segunda Guerra Mundial, um soldado anônimo foi entrevistado por um jornal. Quando lhe perguntaram o que passava por sua cabeça durante os combates, ele respondeu: "Eu só esperava me lembrar de permanecer com medo, pois essa é a melhor forma de continuar vivo e não cometer erros estúpidos".

Trata-se de um bom conselho, e de uma sacada inteligente que se aplica a muitas coisas.

A década de 1930 foi um desastre, um dos períodos mais obscuros na história americana.

Em 1932, quase um quarto da população estava desempregado, e o mercado de ações havia despencado 89%.

Essas duas narrativas econômicas catalisaram a atenção do período, e com razão.

Mas há outra narrativa sobre os anos 1930 que raramente é mencionada: foi de longe a década mais produtiva e de maior progresso tecnológico na história dos Estados Unidos.

A quantidade de problemas que as pessoas solucionaram, e as formas que descobriram para construir coisas com mais eficiência, é uma narrativa esquecida sobre o período que ajuda muito a explicar por que o resto do século XX foi tão próspero.

Eis os números: a produtividade total dos fatores — ou seja, a produção econômica em relação à quantidade de horas trabalhadas e a quantidade de dinheiro investido na economia — atingiu níveis nunca vistos antes ou depois.

O economista Alex Field escreveu que em 1941 a economia americana gerava uma produção 40% maior do que em 1929, sem virtualmente qualquer aumento na quantidade total de horas trabalhadas.[5] Todos simplesmente se tornaram incrivelmente mais produtivos.

Nessa época aconteceram algumas coisas nas quais vale a pena prestar atenção, pois elas explicam por que esse aumento de produtividade naquele momento.

Vejamos os carros, por exemplo. A década de 1920 foi a era do automóvel. A quantidade de carros rodando da América saltou de 1 milhão em 1912 para 29 milhões em 1929.

Mas com as estradas foi outra história. Os carros eram vendidos na década de 1920 mais rapidamente do que as faixas de rodagem eram construídas.

Isso mudou na década seguinte, quando a construção de autoestradas, impulsionada pelo New Deal, decolou.

Os gastos com construção rodoviária foram de 2% do PIB em 1920 para mais de 6% em 1933 (comparado a menos de 1% hoje). O Departamento de Transporte Rodoviário conta como tudo foi rápido: "A construção do primeiro projeto sob a lei começou em 5 de agosto de 1933, em Utah. Em agosto de 1934, cerca de 26 mil quilômetros de novos projetos rodoviários haviam sido completados".[6]

O que isso fez pela produtividade é difícil de exagerar. A Pennsylvania Turnpike, para dar um exemplo, diminuiu o tempo de viagem entre Pittsburgh e Harrisbug em 70%. A ponte Golden Gate, construída em 1933, abriu caminho para o condado de Marin, até então acessível de San Francisco apenas por balsa.

Multiplique esses avanços pelo país afora e a década de 1930 foi o período de maior florescimento do transporte nos Estados Unidos. Foi o último elo a tornar a centenária rede ferroviária verdadeiramente eficiente, criando uma rede de distribuição de produtos que conectou o mundo.

A eletrificação também deu um salto nos anos 1930, sobretudo na zona rural do país, que não fora incluída nos projetos de eletrificação urbana da década de 1920.

O programa de eletrificação rural do New Deal (a REA) levou energia às fazendas, naquele que talvez tenha sido o único acontecimento positivo da década em regiões economicamente devastadas. A quantidade de lares americanos rurais com eletricidade saltou de menos de 10% em 1935 para quase 50% em 1945.

É difícil conceber isso, mas, não faz tanto tempo assim — alguns de nós e a maioria dos nossos avós viveram a experiência —, uma parte substancial dos Estados Unidos estava literalmente mergulhada nas trevas. Em um discurso sobre o programa, Franklin D. Roosevelt afirmou:

A eletricidade deixou de ser um luxo. É definitivamente uma necessidade. [...] Em nossas casas, ela serve não apenas para iluminar, mas também pode funcionar como uma dedicada criada da família, de várias maneiras. Pode aliviar a labuta da dona de casa e também o grande fardo dos ombros do diligente fazendeiro.[7]

O papel de "dedicada criada" — exercido com a introdução da máquina de lavar, do aspirador de pó, da geladeira — eliminou horas de serviço doméstico, permitindo o aumento da participação feminina na força de trabalho. Foi uma tendência que durou mais de meio século e constituiu um motor fundamental tanto do crescimento no século XX como da igualdade de gênero.

Outro salto de produtividade da década de 1930 decorreu de as pessoas comuns se verem forçadas pela necessidade a extrair o máximo valor de seu dinheiro.

O primeiro supermercado foi inaugurado em 1930. A maneira tradicional de comprar comida era caminhar do seu açougue, que o servia de trás de um balcão, até a padaria, que o servia de trás de um balcão, e em seguida à barraca de produtos agrícolas, em que alguém pegava o que você pedia. Combinar tudo sob um mesmo teto e permitir que o cliente pegasse o que quisesse direto das prateleiras foi uma maneira de fazer a economia da venda de alimentos funcionar numa época em que um quarto da nação estava desempregado.

As lavanderias também foram inventadas na década de 1930, quando a venda de máquinas de lavar individuais enfrentou uma queda; o serviço era anunciado como aluguel de máquinas de lavar.

Fábricas de todos os tipos olharam para as vendas despencando e se perguntaram: "O que fazer para sobreviver?". A resposta foi muitas vezes construir o tipo de linha de montagem introduzida no mundo por Henry Ford na década anterior.

A produção por hora nas fábricas crescera 21% ao longo da década de 1920. "Durante os anos da Depressão, de 1930 a 1940, quando muitas fábricas foram fechadas ou operavam em meio período", escreveu Frederick Lewis Allen, "houve uma intensa pressão por eficiência e economia — que cresceram espantosos 41%".

"O trauma da Grande Depressão não prejudicou a máquina de invenções americana", escreveu o economista Robert Gordon. "Muito pelo contrário, o ritmo das inovações se acelerou."[8]

Impulsionando o trabalho especializado nos anos 1930 estava o fato de que uma quantidade maior de jovens permanecia na escola, por não ter outra coisa para fazer. Durante a Depressão a formação superior saltou para níveis que só seriam vistos de novo na década de 1960.

Tudo isso — fábricas melhores, novas ideias, trabalhadores com formação — foi vital em 1941, quando os Estados Unidos entraram na guerra e se transformaram no motor manufatureiro dos Aliados.

A grande pergunta é se o salto técnico verificado na década de 1930 poderia ter acontecido sem a devastação provocada pela Depressão.

E eu acho que a resposta é não — pelo menos não na extensão em que ocorreu.

Um programa como o New Deal jamais poderia ter sido implementado sem uma economia tão arruinada que as pessoas ficassem desesperadas para tentar qualquer coisa para consertá-la.

É duvidoso que donos de negócios e empreendedores houvessem descoberto novas eficiências com tamanha premência sem a ameaça recorde de falência comercial.

Gerentes virando-se para os funcionários e dizendo "Vá tentar algo novo. Rasgue o livro de regras, não me importo" não é algo que escutamos quando a economia prospera e as perspectivas são promissoras.

Mudanças grandes e rápidas só ocorrem quando forçadas pela necessidade.

A Segunda Guerra Mundial começou em 1939 no dorso de cavalos e terminou com a fissão nuclear em 1945. A Nasa foi criada em 1958, duas semanas após os soviéticos lançarem o Sputnik, e chegou à Lua apenas onze anos depois. Coisas como essas raramente acontecem tão rápido sem o medo como motivação.

Isso vale também para os aviões comerciais. Voar só se tornou uma experiência segura porque cada acidente vem acompanhado de um intenso processo de aprender e corrigir que reduz as chances de acidentes similares no futuro.

A mesma coisa aconteceu quando uma crise do petróleo em 2008 fez os preços subirem vertiginosamente, incentivando as petrolíferas a inovarem nas técnicas de perfuração, o que levou a produção de petróleo americana a níveis recordes. Teria o boom da inovação ocorrido sem a crise precedente? É quase certo que não.

E o mesmo aconteceu também durante a covid-19, quando um risco geracional e o pânico desencadearam um impressionante desenvolvimento e produção de novas vacinas.

Vannevar Bush, que dirigiu o Departamento de Pesquisa e Desenvolvimento Científico dos Estados Unidos durante a Segunda Guerra Mundial, sugeriu, de maneira controversa, que os avanços médicos ocorridos durante o conflito — mais notavelmente a produção e o uso de antibióticos — talvez tivessem salvado mais vidas do que as perdidas durante a guerra.

É muito difícil imaginar esses aspectos positivos quando há uma crise acontecendo. Mas repetidas vezes ao longo da história eles de fato ocorreram.

———

Há um limite óbvio para a inovação induzida pelo estresse.

O equilíbrio entre um estresse proveitoso e o desastre incapacitante é delicado. Este último impede a inovação à medida que os recursos são sugados e as pessoas deixam de pensar em como sair de uma crise para meramente sobreviver.

E talvez igualmente importante seja o que acontece quando o oposto ocorre. Quando tudo vai bem — a riqueza é abundante, o futuro é promissor, há menos responsabilidades, as ameaças parecem distantes —, presenciamos uma amostra do pior, mais estúpido e menos produtivo comportamento humano.

O presidente Richard Nixon observou:

As pessoas mais infelizes do mundo estão em balneários internacionais como a Riviera francesa, Newport, Palm Springs, Palm Beach. Indo a festas todas as noites. Jogando golfe à tarde. Bebendo demais. Falando demais. Pensando muito pouco. Aposentadas. Sem propósito.

Assim, embora alguns possam discordar totalmente — e dizer coisas como "Ah, quem dera eu fosse milionário! Seria maravilhoso. Quem dera eu não tivesse de trabalhar todo dia, quem dera eu pudesse pescar, caçar, jogar golfe, viajar. Seria a vida mais maravilhosa do mundo" —, o fato é que eles não sabem nada da vida. Pois o que dá significado à vida é o propósito. Um objetivo. A batalha, a luta — mesmo que você não vença.[9]

O empreendedor Andrew Wilkinson evocou essa mesma ideia quando afirmou: "As pessoas mais bem-sucedidas não passam de um transtorno de ansiedade ambulante controlado pela produtividade".[10]

O investidor Patrick O'Shaughnessy escreveu: "Em minha experiência, muitas das pessoas mais talentosas que conheci não poderiam ser descritas como felizes. Na verdade, provavelmente a maioria delas deveria ser descrita como 'torturada'".[11]

O medo, a dor, a luta são motivadores que sentimentos positivos jamais igualam.

Essa é uma grande lição da história, e nos leva a perceber uma verdade eterna: *cuidado com o que você deseja.*

Uma vida despreocupada e livre de estresse soa maravilhosa apenas até reconhecermos a motivação e o progresso que ela impede. Ninguém torce para ter dificuldades — nem teria cabimento —, mas deveríamos admitir que elas são o combustível mais poderoso para a resolução de problemas, servindo tanto como a raiz do que desfrutamos hoje como a semente da oportunidade para aquilo de que desfrutaremos amanhã.

A seguir, uma história sobre o pior dia da vida de Dwight Eisenhower, e o tema atemporal dos milagres e desastres.

Tragédias repentinas e milagres de longo prazo

As coisas boas resultam de uma composição que sempre leva tempo, mas as desagradáveis resultam da perda de confiança ou de um erro catastrófico, que podem ocorrer num piscar de olhos.

Um fato importante que explica muita coisa é que boas novas levam tempo, mas notícias ruins tendem a ocorrer instantaneamente.

Warren Buffett afirma que para construir uma reputação são necessários vinte anos e para destruí-la, cinco minutos.

Um monte de coisas se dá exatamente assim.

É um aspecto natural de como o mundo funciona, ocasionado pelo fato de que as coisas boas resultam de uma composição que sempre leva tempo, mas as desagradáveis resultam da perda de confiança ou de um erro catastrófico, que podem ocorrer num piscar de olhos.

———

Dwight Eisenhower almoçou um hambúrguer em 23 de setembro de 1955.[1] Mais tarde nesse dia, reclamou de dores no peito e disse à esposa que estava com azia por causa da cebola. Então começou a entrar em pânico. O presidente estava sofrendo um infarto agudo do miocárdio. Poderia facilmente ter morrido. Se isso tivesse acontecido, Eisenhower teria se juntado aos mais de 700 mil americanos mortos por enfermidade cardíaca naquele ano.

O que aconteceu desde então foi extraordinário. Mas poucos prestaram atenção.

A taxa de mortalidade por cardiopatia, ajustada pela faixa etária, declinou mais de 70% desde a década de 1950 nos Estados Unidos, segundo as autoridades de saúde.

Tantos americanos morrem de doenças cardíacas que a diminuição da taxa de mortalidade em 70% leva a uma quantidade de vidas salvas que é difícil de compreender.

Se a taxa não tivesse declinado — se não tivéssemos melhorado o tratamento de doenças cardíacas e a taxa de mortalidade não houvesse se estabilizado desde a década de 1950 —, 25 milhões de americanos a mais teriam morrido do coração nos últimos 65 anos.

Vinte e cinco milhões!

Mesmo em um único ano a melhora é incrível: mais de meio milhão de americanos a menos morrem do coração anualmente, comparado a um cenário em que nenhuma melhora houvesse ocorrido desde a década de 1950. É um estádio lotado de gente sendo salva todo mês.

Como esse fato não recebe mais destaque?

Por que ninguém sai gritando nas ruas como isso é incrível e não erguemos estátuas para os cardiologistas?

O motivo é que a melhora aconteceu devagar demais para notarmos.

O declínio anual médio em mortalidade por cardiopatia entre 1950 e 2014 foi de 1,5% ao ano.

Como reagiríamos a uma manchete dizendo "Mortes por cardiopatia diminuíram em 1,5% no último ano"? Com um bocejo e passando à notícia seguinte.

E foi o que fizemos.

Fazemos isso o tempo todo. As coisas mais importantes ocorrem por composição. Mas a composição leva algum tempo, então é facilmente ignorada.

Novas tecnologias levam anos ou décadas para serem notadas pelo público, depois mais alguns anos ou décadas para serem aceitas e empregadas. Pense em uma nova tecnologia que tenha sido imediatamente reconhecida por seu pleno potencial e instantaneamente adotada pelas massas. Não existe. Grande parte do pessimismo se deve ao fato de que muitas vezes parece não terem ocorrido inovações em anos — mas geralmente é assim porque leva anos para notarmos uma inovação recente. Até nas ciências isso é verdade: o historiador David Wooton afirma que duzentos anos se passaram desde a descoberta dos germes até a aceitação de que eles eram causadores de doenças, outros trinta anos para a descoberta da antissepsia e outros sessenta até a penicilina começar a ser usada.[2]

O mesmo vale para o crescimento econômico.

O PIB real per capita aumentou oito vezes nos últimos cem anos. Os Estados Unidos da década de 1920 tinha o mesmo PIB real per capita que o Turcomenistão tem hoje. Nosso crescimento ao longo do último século foi espantoso. Mas a média de crescimento do PIB é de 3% ao ano, o que é fácil de ignorar. Americanos que hoje têm mais de cinquenta anos viram o PIB real per capita pelo menos dobrar desde seu nascimento. Mas as pessoas não se lembram do mundo em que nasceram. Lembram-se dos últimos meses, quando o progresso é sempre invisível.

O mesmo vale para carreiras, progresso social, marcas comerciais, empresas e relacionamentos. O progresso sempre leva tempo, com frequência tempo demais para sequer notarmos que ocorreu.

Mas e as coisas desagradáveis?

Elas não são tímidas nem sutis. Vêm instantaneamente, tão rápido que monopolizam nossa atenção e não conseguimos enxergar mais nada.

Pearl Harbor e o Onze de Setembro foram provavelmente as duas maiores notícias nos Estados Unidos nos últimos cem anos. Em uma hora cada um desses acontecimentos tinha se desenrolado do começo ao fim.

Em menos de trinta dias a maioria das pessoas foi de nunca ter ouvido falar em covid-19 a ver sua vida virada de cabeça para baixo.

Em menos de quinze meses o Lehman Brothers — uma empresa com 158 anos — foi do auge à bancarrota. O mesmo vale para Enron, Fannie Mae, Freddie Mac, Nokia, Bernie Madoff, Muamar Gaddafi, a catedral de Notre-Dame e a União Soviética. Coisas que prosperaram por décadas podem se ver arruinadas em minutos. Não existe equivalente na outra direção.

Há um bom motivo para isso.

O crescimento sempre compete contra algo que retarda sua ascensão. Novas ideias competem por atenção, modelos de negócio competem com políticos, arranha-céus competem com a gravidade. Sempre há ventos contrários. Mas ninguém quer ficar no caminho do declínio. Alguns podem tentar intervir para retardar a queda, mas isso não atrai a massa dos que acorrem para opor resistência na outra direção, como acontece com o progresso.

———

Dezenas de bilhões de passos individuais precisam ocorrer direito e na ordem correta para criar um ser humano. Mas basta um único fato isolado para causar sua destruição.

Depois de apenas cinco semanas o embrião humano já tem um cérebro, um coração batendo, um pâncreas, um fígado, uma bexiga. Ao nascer, o bebê possui cem bilhões de neurônios, 250 trilhões de sinapses, onze sistemas coordenados de órgãos e uma personalidade. É de uma complexidade estonteante.

A morte, por outro lado, é simples. A maioria das mortes humanas — por traumatismo, cardiopatia, derrame, alguns tipos de câncer, infecções, overdose — é causada por deficiência de sangue e oxigenação. É isso. A doença em si pode ser complexa, mas o golpe fatal vem de não haver sangue e oxigênio suficientes chegando aonde são necessários.

Produzir um ser humano: incompreensivelmente complexo.

A morte de um ser humano: definitivamente simples.

Em uma observação similar, o escritor Noah Yuval Harari afirma: "Para usufruirmos da paz, é preciso que praticamente todo mundo faça boas escolhas. A escolha ruim de um único lado, por sua vez, pode levar à guerra".

A ideia de "complexo de construir, fácil de destruir" está por toda parte. A construção exige engenheiros talentosos; a demolição, uma marreta. Mesmo que algo não seja fácil de destruir, a coisa capaz de destruí-lo normalmente é mais simples do que seja lá o que a tenha criado.

A ironia é que o crescimento e o progresso são muito mais poderosos do que os retrocessos. Mas os retrocessos sempre recebem mais atenção, devido à rapidez com que ocorrem. Assim, o progresso vagaroso em meio ao bombardeio de más notícias é o estado normal das coisas. Não é algo com que seja fácil nos acostumarmos, mas sempre estará conosco.

Dois aspectos se destacam aqui.

Grande parte do progresso e das boas novas diz respeito a coisas que não aconteceram, ao passo que aparentemente tudo o que é desfavorável tem a ver com o que de fato ocorreu.

Boas novas são as mortes que não ocorreram, as doenças que não pegamos, as guerras que não aconteceram, as tragédias de que escapamos, as injustiças que foram evitadas. Isso é difícil de contextualizar ou mesmo de imaginar, que dirá de medir.

Mas as más notícias são visíveis. Mais do que isso: são esfregadas na sua cara. O atentado terrorista, a guerra, o acidente de carro, a pandemia, a quebra da bolsa, a batalha política — dessas coisas não conseguimos desviar os olhos.

É muito fácil subestimar quanto progresso pode ser alcançado.

Se eu perguntasse: "Qual a probabilidade de que o americano médio fique duas vezes mais rico daqui a cinquenta anos?", a pergunta soaria absurda. As chances parecem muito pequenas. *Duas vezes mais rico do que hoje? Dobrar* o que já tem atualmente? Parece demasiado ambicioso.

Mas se eu disser: "Qual a probabilidade de atingirmos um crescimento anual médio de 1,4% ao longo dos próximos cinquenta anos?", a pergunta soa quase pessimista. *Um por cento? Só isso?*

Mas esses números são a mesma coisa, claro.

Sempre foi assim, e sempre será.

Agora um tema relacionado: deixe-me contar uma história sobre bombas nucleares para mostrar como facilmente subestimamos os riscos.

Minúsculo e magnífico

*Quando coisas ínfimas se combinam para
formar coisas extraordinárias.*

Um tema comum na história é as pessoas presumirem que as maiores empresas, nações e inovações representam as maiores ameaças e geram as maiores oportunidades.

Mas em geral não é assim que funciona.

Um estudo de 2010 da Universidade Yale mostrou que uma das principais causas do aumento da obesidade não necessariamente tem a ver com fazermos refeições maiores, e sim com beliscar mais ao longo do dia.[1]

É um bom exemplo de como funcionam muitas coisas.

A maioria das catástrofes vem de uma série de riscos minúsculos — cada um deles fácil de ignorar — que se multiplicam e se combinam em algo imenso. O contrário é verdadeiro: a maioria das coisas extraordinárias acontece a partir da composição de coisas minúsculas e insignificantes.

Os soviéticos construíram uma bomba nuclear 1500 vezes mais potente do que a que foi lançada sobre Hiroshima.

Chamada de Bomba-Tsar (a rainha de todas as bombas), ela era dez vezes mais potente do que todas as bombas convencionais combinadas despejadas durante a Segunda Guerra Mundial. Quando foi testada, na Rússia, sua bola de fogo pôde ser vista de mil quilômetros de distância. Sua nuvem de cogumelo ergueu-se a setenta quilômetros no céu.

O historiador John Lewis Gaddis escreveu:

> A ilha sobre a qual a bomba foi detonada virou uma terra literalmente arrasada, perdeu não só toda neve como também todas as rochas, de modo que ficou parecendo um imenso rinque de patinação. Segundo uma estimativa [...] a tempestade de fogo resultante teria engolido uma área do tamanho do estado de Maryland.[2]

A primeira bomba nuclear foi desenvolvida para pôr um fim à Segunda Guerra Mundial. Uma década depois, tínhamos bombas suficientes para acabar com o mundo todo!

Mas a letalidade dessas bombas tinha um estranho lado positivo: os países dificilmente as usaram na batalha, porque havia coisas demais em jogo. Arrase a capital do inimigo e sofra a retaliação sessenta segundos depois — não valia a pena. John F. Kennedy disse que nenhuma nação desejava "uma guerra que deixaria não uma Roma [que ficou intacta], mas duas Cartagos [que foi destruída]".

Em 1960 contornamos esse dilema seguindo outro caminho. Desenvolvemos bombas nucleares menores e menos letais.

Uma delas, chamada Davy Crockett, era 650 vezes menos potente que a bomba lançada em Hiroshima e podia ser disparada da traseira de um jipe.[3] Construímos minas terrestres nucleares que cabiam em uma mochila, com a ogiva do tamanho de uma caixa de sapatos.

Esses artefatos nucleares pareciam mais responsáveis, menos arriscados. Podíamos usá-los sem acabar com o mundo.

Mas o tiro saiu pela culatra.

Bombas nucleares menores tinham na verdade mais chance de serem usadas em um conflito. Sua finalidade era só essa. Elas baixaram o sarrafo do uso justificado.

O jogo mudou para pior.

Agora havia o risco de que os países usassem um minibomba nuclear "com responsabilidade", dando início a uma escalada que abrisse as portas para o lançamento de uma das grandes bombas.

Nenhum país começaria uma guerra com uma grande bomba. Mas jogariam uma pequena? Provavelmente. E uma bomba pequena justificaria a retaliação com uma grande? Claro.

Assim as bombas pequenas aumentaram as chances de bombas grandes entrarem em ação.

Os pequenos riscos não eram a alternativa para os grandes riscos: eram o gatilho.

Os mísseis soviéticos em Cuba durante a crise de 1962 eram 4 mil vezes menos potentes do que a Bomba-Tsar.[4] Mas se os soviéticos tivessem lançado um único deles, segundo o secretário de Defesa americano Robert McNamara teria havido uma "probabilidade de 99%" de que os Estados Unidos retaliassem com força nuclear total.

Robert Oppenheimer, o físico que ajudou a criar a bomba atômica, ficou se remoendo de culpa por sua destrutividade e insistiu na produção de artefatos nucleares menores para reduzir os riscos. Mais tarde, admitiu que isso foi um erro, pois aumentou as chances de um ataque nuclear em larga escala.

Grandes riscos são facilmente ignorados por serem apenas uma reação em cadeia de pequenos eventos, cada um deles facilmente negligenciável. Assim as pessoas sempre subestimam as chances de grandes riscos.

Já vimos isso ocorrer incontáveis vezes.

Ninguém em 1929 achava que haveria uma Grande Depressão. As pessoas dariam risada se na época você alertasse que a bolsa estava prestes a cair quase 90% e o desemprego a crescer 25%.

As pessoas não eram complacentes. O final da década de 1920 testemunhou um mercado de ações supervalorizado, especulação imobiliária e manutenção precária na agricultura. Isso era óbvio. Foi bem documentado. Foi debatido. Mas e daí? Isoladamente, nada parece grande coisa.

Somente quando essas coisas aconteceram ao mesmo tempo, e se retroalimentaram, foi que se transformaram na Grande Depressão.

A bolsa cai, o patrão perde suas reservas, manda gente embora, esses funcionários atrasam o pagamento da hipoteca e levam o banco à falência. Quando os bancos quebram, as pessoas perdem suas economias, então param de gastar. Quando param de gastar, os negócios quebram. Quando os negócios quebram, os bancos quebram. Quando os bancos quebram, as pessoas perdem suas economias — e assim sucessivamente.

O mesmo com a covid-19.

Seu impacto inicial, vindo aparentemente do nada, foi catastrófico.

Mas não fomos atingidos por um risco único de um em bilhões. O que aconteceu — e só posso dizer isso em retrospecto — foi um punhado de pequenos riscos se chocando e se multiplicando ao mesmo tempo.

Um novo vírus se transferiu para os humanos (algo que sempre aconteceu) e esses humanos interagiram com outros (claro). Foi por algum tempo um mistério (compreensível) e o cenário ominoso (mas comum) tendeu a ser omitido. Outros países acharam que o vírus seria contido (típica negação) e não agiram com rapidez suficiente (burocracia). Não estávamos preparados (otimismo excessivo) e só conseguimos responder com um contundente isolamento social (pânico, faça o que for preciso).

Nenhuma dessas coisas é surpreendente por si só. Mas, combinadas, resultaram em caos.

O desastre do aeroporto de Tenerife em 1977 foi o pior acidente na história da aviação.[5] Um erro abismal. Um dos aviões decolava quando outro ainda estava na pista, e os dois Boeing 747 colidiram, matando 583 pessoas no aeroporto da ilha espanhola.

Posteriormente, as autoridades se perguntaram como uma catástrofe tão gritante podia ter acontecido. O relatório dos peritos explicou exatamente como: "Onze coincidências e erros separados, a maioria deles ínfimos [...] tiveram de se combinar".

É razoável presumir que o mundo sofrerá cerca de um colapso por década, porque historicamente sempre foi assim. Esses eventos parecem pouco prováveis, por isso é comum achar que não voltarão a acontecer. Mas acontecem, repetidas vezes, porque na realidade trata-se apenas de eventos menores de alta probabilidade somando-se uns aos outros.

Isso não é intuitivo, então deixaremos de levar os grandes riscos a sério, como sempre fizemos.

E é claro que a mesma coisa acontece na outra direção.

———

A força mais impressionante do universo é obviamente a evolução. Algo que levou organismos unicelulares a se desenvolver como humanos capazes de ler este livro em um iPad com um terabyte de memória, e que também é responsável pela visão 20/20, o voo dos pássaros e o sistema imune.

Nada na ciência é capaz de nos deixar mais admirados do que as coisas realizadas pela evolução.

O biólogo Leslie Orgel costumava dizer que "a evolução é mais inteligente do que você",[6] porque quando um crítico afirma que a evolução jamais poderia ter feito tal coisa, geralmente não passa de falta de imaginação dele.

Também é fácil subestimá-la devido à matemática básica.

O superpoder da evolução não consiste apenas em selecionar características favoráveis. Essa parte é muito tediosa, e, se focamos apenas nisso, o resultado é ceticismo e confusão. A mudança da maioria das espécies ao longo dos milênios é tão trivial que passa despercebida.

A real magia evolucionária é a seleção de características por 3,8 bilhões de anos.

É o tempo, e não as pequenas mudanças, que opera a transformação. Pegue mudanças minúsculas, combine-as por 3,8 bilhões de anos e o resultado é indistinguível da mágica.

Eis a verdadeira lição da evolução: quando temos um grande valor no expoente, não precisamos de mudanças extraordinárias para chegar a resultados extraordinários. Não é intuitivo, mas é tremendamente poderoso.

"A maior desvantagem da raça humana é nossa incapacidade de compreender a função exponencial", costumava dizer o físico Albert Bartlett.

Um monte de coisas funciona dessa forma.

Uma área na qual normalmente vemos essa desvantagem em ação é nos investimentos.

Howard Marks conta de um investidor cujos resultados anuais nunca foram classificados no quartil superior, mas que ao longo de um período de catorze anos permaneceu entre os 4% melhores investidores.[7] Se ele mantiver esses retornos não tão excelentes assim por mais dez anos, pode chegar ao 1% do topo — firmando-se como um dos maiores investidores de sua geração, a despeito de ser pouco notável em qualquer dado ano.

A maior parte do foco nos investimentos incide sobre o que as pessoas podem fazer agora mesmo, este ano, quem sabe no ano que vem. "Qual o melhor retorno que posso obter?" parece uma questão intuitiva demais para fazer.

Mas, como a evolução, não é aí que a magia acontece.

Se você compreende a matemática por trás da composição percebe que a pergunta mais importante não é essa, e sim "Qual o melhor retorno que consigo sustentar pelo período de tempo mais longo?".

Pequenas mudanças acumuladas por um longo tempo criam mudanças extraordinárias.

O mesmo de sempre.

A seguir, examinemos os perigos da confiança exagerada.

Êxtase e desespero

O progresso exige uma coexistência
entre o otimismo e o pessimismo.

É extremamente difícil lidar com o otimismo e o pessimismo.

O pessimismo é intelectualmente mais sedutor do que o otimismo e um maior catalisador da nossa atenção. Ele é vital para a sobrevivência, ajudando-nos a nos preparar para os riscos antes que cheguem.

Mas o otimismo é igualmente essencial. A crença de que as coisas podem ser, e serão, melhores mesmo quando os indícios nesse sentido são duvidosos é um dos principais aspectos de muitas coisas, desde manter um relacionamento saudável até fazer um investimento de longo prazo.

Uma parte importante de saber como as pessoas pensam é que o progresso exige uma coexistência entre o otimismo e o pessimismo.

Por parecerem mentalidades diferentes, o mais comum é que as pessoas tendam a um ou outro. Mas saber como equilibrar os dois sempre foi, e sempre será, uma das habilidades centrais da vida.

O melhor plano financeiro é poupar como um pessimista e investir como um otimista. Essa ideia — a crença de que as coisas ficarão melhores, combinada à realidade de que o caminho entre o presente e o futuro será uma cadeia contínua de reveses, decepções, surpresas e choque — aparece ao longo de toda a história, em todas as áreas da vida.

———

John McCain se tornou o mais famoso prisioneiro de guerra do Vietnã. Mas, na época, o almirante Jim Stockdale era o de maior patente.

Stockdale foi rotineiramente torturado e a certa altura tentou o suicídio por medo de sucumbir e entregar informação militar delicada.

Décadas após ser liberado, ouviu de um entrevistador que a vida de prisioneiro devia ser deprimente.[1] Stockdale discordou e disse que na verdade não fora nada disso. Ele nunca perdeu a fé de que seria solto e voltaria a ver sua família.

Puro otimismo, pelo jeito. Certo?

Na verdade, não.

Perguntado sobre quem eram os que mais sofriam na prisão, Stockdale disse que a resposta era fácil: "Os otimistas".

Os prisioneiros que viviam dizendo coisas como "No Natal estaremos em casa" eram os que ficavam mais abatidos a cada Natal que passava. "Eles morriam de desgosto", comentou Stockdale.

Há um equilíbrio, afirmou ele, entre precisar de uma fé inabalável em que as coisas ficarão melhores e ao mesmo tempo aceitar a realidade brutal dos fatos, sejam eles quais forem. As coisas no fim melhoram. Mas não será no Natal que voltaremos para casa.

Esse é o equilíbrio — planejar como um pessimista e sonhar como um otimista.

A combinação é contraintuitiva, mas muito poderosa quando feita da forma correta.

É fascinante ver alguém permanecer otimista e ao mesmo tempo aceitar a realidade do desespero.

"O sonho americano" foi uma expressão cunhada pelo escritor James Truslow Adams em seu livro *The Epic of America*, de 1931.[2]

O timing é interessante, não?, porque dificilmente podemos pensar num ano em que o sonho americano tenha parecido mais distante.

Quando Adams escreveu que "mediante seu empenho, o uso de seus talentos, a aquisição das habilidades necessárias, o homem pode ascender de um status inferior a um mais alto, e sua família pode ascender com ele", a taxa de desemprego estava em quase 25% e a desigualdade social era uma das mais elevadas da história americana.

Quando escreveu sobre "esse sonho americano de uma vida melhor, mais rica e mais feliz para todos os nossos cidadãos de todas as classes", manifestações contra a falta de alimentos explodiam por todo o país conforme a Grande Depressão arruinava a economia.

Quando escreveu sobre "sermos capazes de alcançar nosso pleno desenvolvimento como homens e mulheres, sem o impedimento das barreiras que foram lentamente erigidas em civilizações mais antigas", as escolas eram segregadas e alguns estados exigiam prova de alfabetização para votar.

Em poucos momentos na história americana a ideia do sonho americano pareceu tão falsa, tão desconectada da realidade enfrentada por todos.

Contudo, o livro de Adams conquistou imensa popularidade. Uma expressão otimista nascida em um período sombrio da história americana se tornou um lema familiar da noite para o dia.

Vinte e cinco por cento de americanos desempregados em 1931 não arruinaram a ideia do sonho americano. A queda de 89% da bolsa — e as filas do pão por todo o país — tampouco.

O sonho americano na verdade talvez só tenha se popularizado devido à precariedade da situação. Não era preciso vê-lo para crer nele — felizmente, pois em 1931 não havia nada para ver. Bastava acreditar que era possível, e, de repente, a pessoa se sentia um pouco melhor.

As psicólogas Lauren Alloy e Lyn Yvonne Abramson propõem uma teoria que adoro, chamada realismo depressivo. É a ideia de que pessoas deprimidas possuem uma visão mais precisa do mundo porque são mais realistas quanto ao risco e à fragilidade da vida.

O contrário do realismo depressivo é o "alegre desligamento". Muitos de nós sofremos disso. Mas sofrer não é a palavra, porque a sensação é ótima. E o fato de ser agradável é o combustível de que precisamos para levantar da cama e seguir na luta mesmo quando o mundo à nossa volta pode ser objetivamente horrível e o pessimismo grassa.

Em 1984, Jane Pauley entrevistou Bill Gates, então com 28 anos. "Algumas pessoas o consideram um gênio", disse Pauley. "Sei que isso pode deixá-lo constrangido, mas..."[3]

Gates não esboça reação. Nenhuma emoção. Nenhuma expressão.

"Ok, acho que você não vai ficar constrangido", diz Pauley, com uma risada desconfortável.

Novamente, a reação de Gates é zero.

Claro que ele era um gênio. E sabia disso.

Gates largou a faculdade aos dezenove anos porque achava que toda casa deveria ter um computador. Uma pessoa só faz isso se tiver confiança absoluta em suas próprias capacidades. Paul Allen escreveu sobre a ocasião em que ele e Bill se conheceram: "Pude perceber rapidamente três coisas sobre Bill Gates. Ele era muito inteligente. Era muito competitivo; queria mostrar para você como era inteligente. E era muito, muito persistente".[4]

Mas ele também tinha um outro lado. Uma quase paranoia, o oposto de sua confiança inabalável.

Desde o dia em que fundou a Microsoft, insistiu em sempre ter dinheiro suficiente no banco para manter a empresa viva por doze meses sem nenhuma receita entrando.[5]

Em 1955, Charlie Rose perguntou por que mantinha tanto dinheiro à mão. As coisas mudavam tão rápido na tecnologia que os negócios no ano seguinte nunca estavam garantidos, ele disse. "Inclusive para a Microsoft."

Em 2007, Gates refletiu: "Sempre me preocupei porque as pessoas que trabalhavam para mim eram mais velhas do que eu e tinham filhos, e sempre pensei, 'E se a gente não recebe, como faço para manter a folha de pagamento?'".

Aqui, mais uma vez, vemos otimismo e autoconfiança combinados a um forte pessimismo. O que Gates pareceu perceber é que não se pode ser um otimista a longo prazo se não formos suficientemente pessimistas para sobreviver a curto prazo.

Um elemento importante a ser notado é que o otimismo e o pessimismo existem num espectro.

Num extremo há o otimista puro. Para ele, tudo está ótimo, continuará sempre assim e qualquer negatividade é uma falha de caráter. Parte disso está enraizada no ego: a pessoa é tão autoconfiante que não consegue aventar a possibilidade de algo dar errado.

No outro extremo há o pessimista puro. Para ele, tudo está horrível, continuará sempre assim e qualquer positividade é uma falha de caráter. Parte disso está enraizada no ego: a pessoa tem tão pouca autoconfiança que não consegue aventar a possibilidade de algo dar certo. É o completo oposto do otimista puro, e igualmente desconectado da realidade.

Ambos são perigosos em medidas iguais, mas tanto um como outro podem parecer cobertos de lógica se enxergamos o otimismo e o pessimismo como oito ou oitenta, como se precisássemos ser uma coisa ou outra.

Entre as duas visões há um ponto ideal, o que chamo de otimistas racionais: aqueles que reconhecem que a história é uma série infindável de problemas, decepções e reveses, mas permanecem otimistas porque sabem que os reveses não impedem o futuro progresso. Eles soam hipócritas e volúveis, mas muitas vezes estão enxergando mais longe do que os outros.

———

O truque em qualquer área — finanças, carreiras, relacionamentos — é ser capaz de superar os problemas de curto prazo de modo que possamos sobreviver para desfrutar do crescimento de longo prazo.

Poupe como um pessimista e invista como um otimista.

Planeje como um pessimista e sonhe como um otimista.

Essas habilidades podem soar conflitantes. E são. Pensar que devemos ser uma coisa ou outra é intuitivo. Difícil é perceber que há um tempo e lugar para ambas e que as duas podem — e devem — coexistir. Mas é isso que testemunhamos em quase qualquer empreendimento bem-sucedido de longo prazo.

Por exemplo negócios que assumem grandes riscos com novos produtos, como os otimistas, mas sentem-se aterrorizados com dívidas de curto prazo e sempre esperam ter uma boa reserva de dinheiro por segurança, como os pessimistas.

Ou o trabalhador que recusa uma oportunidade lucrativa porque pode comprometer sua reputação, que a longo prazo é muito mais valiosa.

O mesmo vale para os investimentos. Como escrevi em meu livro *A psicologia financeira*, "mais do que um grande retorno, quero me blindar financeiramente. E, se estiver blindado, acredito que obterei o maior retorno, pois serei capaz de sobreviver tempo suficiente para que a composição opere sua mágica".

A história nos ensina a importante lição de que o longo prazo normalmente é muito bom e o curto prazo normalmente é muito ruim. Conciliar os dois exige um esforço, assim como aprender a administrá-los com o que parecem ser habilidades conflitantes. Os que não conseguem fazê-lo em geral acabam se tornando pessimistas amargos ou otimistas falidos.

E vamos em frente. A seguir, veremos outro assunto que não é intuitivo: quanto mais perfeitos tentamos ser, piores acabamos sendo.

Vítimas da perfeição

Há uma imensa vantagem em ser um pouco imperfeito.

As pessoas não gostam de deixar escapar nenhuma oportunidade. Normalmente desejamos extrair o máximo de eficiência e perfeição de seja lá qual for a nossa meta. Parece a coisa certa a fazer, uma forma de maximizar nossas chances de sucesso.

Mas o perfeccionismo tem uma desvantagem comum que facilmente ignoramos.

O principal aspecto da evolução é que tudo morre. Noventa e nove por cento das espécies já estão extintas; as restantes um dia conhecerão o mesmo destino.

Não existe uma espécie perfeita, adaptada a todas as condições e a todas as épocas. O melhor que uma espécie pode fazer é ser boa em algumas coisas até as coisas em que não é boa de repente passarem a importar mais. E então ela perece.

Um século atrás, um biólogo russo chamado Ivan Schmalhausen descreveu como isso funciona.[1] Uma espécie que evolui para ficar

142

muito boa em uma coisa tende a ficar vulnerável em outra.[2] Um leão maior pega mais presas, mas vira um alvo maior dos caçadores. Uma árvore mais alta recebe mais luz, mas fica vulnerável a ser derrubada pelo vento. Sempre existe alguma desvantagem.

Assim, as espécies raramente evoluem para se tornarem perfeitas em *tudo*, pois o aperfeiçoamento de uma habilidade vem às custas de outra que, no fim, será crucial para a sobrevivência. O leão poderia ficar maior para pegar mais presas; a árvore poderia ficar mais alta para receber mais luz. Mas eles não fazem isso porque às vezes o feitiço vira contra o feiticeiro.

De modo que as espécies são todas um pouco imperfeitas.

A resposta da natureza é uma profusão de características suficientemente boas, aquém do potencial, em todas elas. O biólogo Anthony Bradshaw afirma que, embora apenas os sucessos evolucionários recebam atenção, os fracassos são igualmente importantes. E é assim que deve ser: não maximizar seu potencial é, na verdade, o ponto ideal em um mundo onde o aperfeiçoamento de uma habilidade compromete outras.

A evolução passou 3,8 bilhões de anos testando e aprovando a ideia de que um pouco de ineficiência é saudável.

Sabemos que isso está certo.

Então talvez seja hora de darmos mais atenção a isso.

Muita gente se empenha em levar uma vida eficiente, sem desperdiçar uma hora sequer. Mas uma habilidade subestimada que não recebe suficiente atenção é a ideia de que perder tempo pode ser bastante saudável.

O psicólogo Amos Tversky afirmou que "o segredo para realizar uma boa pesquisa é sempre estar ligeiramente subempregado. Desperdiçamos anos por não podermos desperdiçar horas".

Uma pessoa bem-sucedida que deliberadamente deixa lacunas em sua agenda para não fazer nada em particular pode se sentir ineficiente, então pouca gente deixa.

Mas, de acordo com o argumento de Tversky, se o seu trabalho é ser criativo e raciocinar sobre problemas difíceis, o tempo passado caminhando por um parque ou relaxando descontraidamente em um sofá pode representar suas horas mais valiosas. Um pouco de ineficiência é maravilhoso.

Todas as pessoas com quem trabalhei voltam de férias dizendo alguma variação da mesma coisa: "Agora que tive um pouco de tempo para pensar, percebi que...", "Tirei uns dias para clarear a cabeça e descobri que...", "Enquanto estava fora tive uma ótima ideia...".

A ironia é que as pessoas podem realizar as coisas mais importantes em seu trabalho quando estão longe dele, livres para refletir e filosofar. A dificuldade é que, em geral, tiramos férias apenas uma vez por ano, sem perceber que ter tempo para pensar é um elemento crucial para muitos empregos, algo que a rotina tradicional de trabalho não acomoda muito bem.

Nem todo emprego exige criatividade ou pensamento crítico. Quando exige, porém, funciona melhor se devotamos algum tempo para perambular e ser curiosos de um jeito que nos afaste de nossos horários mas na verdade nos ajude a lidar com os maiores problemas enfrentados no trabalho.

É difícil fazer isso porque vivemos com a ideia fixa de que um típico dia de trabalho é constituído por oito horas ininterruptas sentados atrás da mesa.

Diga à sua chefe que descobriu um truque para ter mais criatividade e produtividade e ela lhe perguntará o que você está esperando. Diga a ela que seu segredo é fazer uma caminhada de noventa minutos durante o expediente e ela provavelmente dirá que não, você precisa trabalhar. Outra forma de ilustrar isso é que muitos trabalhadores em empregos que "usam a cabeça" não têm tempo para pensar.

O *New York Times* escreveu sobre o ex-secretário de Estado americano George Shultz: "Era apenas em seus momentos de solidão que ele encontrava tempo para pensar sobre os aspectos estratégicos do trabalho. No mais, vivia constantemente envolvido em questões táticas iminentes, sem nunca poder se concentrar nas questões mais amplas de interesse nacional".[3]

Albert Einstein assim se expressou: "Tiro algum tempo para fazer longas caminhadas pela praia, de modo a conseguir escutar o que se passa dentro da minha cabeça. Se meu trabalho não está correndo bem, deito a qualquer hora do dia e fico contemplando o teto enquanto escuto e visualizo o que se passa na minha imaginação".

Mozart sentia-se da mesma forma: "Quando ando de carruagem ou caminho após uma boa refeição, ou durante a noite, quando não consigo dormir — é nessas ocasiões que minhas ideias fluem melhor e com mais abundância".

Isso está de acordo com um estudo de Stanford que mostra que caminhar aumenta a criatividade em 60%.[4]

Certa vez, alguém perguntou a Charlie Munger qual era o segredo de Warren Buffett. "Eu diria que passar metade do tempo simplesmente sentado, lendo."[5] Ele sempre reservou boa parte do tempo para pensar.

A tradicional jornada de oito horas é ótima se o seu trabalho é repetitivo ou fisicamente restritivo. Mas, para a quantidade cada vez maior de empregos que "usam a cabeça", talvez não seja.

Nesse caso, poderia ser melhor tirar duas horas pela manhã para permanecer em casa pensando em alguma questão importante.

Ou sair para uma longa caminhada ao meio-dia e refletir por que determinada coisa não está funcionando.

Ou encerrar às três da tarde e passar o resto do dia concebendo novas estratégias.

Não se trata de trabalhar menos. Muito pelo contrário: muitos trabalhos que exigem demais da cabeça basicamente nunca cessam, e, sem um tempo estruturado para pensar e ser curioso, a pessoa acaba sendo menos eficiente durante as horas devotadas a permanecer sentada atrás da mesa, produzindo. É o oposto da mentalidade workaholic, em que estar sempre superocupado é tido como algo "nobre".

Nassim Taleb diz: "Minha única medida de sucesso é quanto tempo você tem para matar".[6] Mais do que uma medida de sucesso, creio ser esse um ingrediente fundamental. A agenda mais eficiente do mundo — em que a máxima produtividade é extraída de cada minuto — é obtida às custas da perambulação curiosa e da reflexão ininterrupta, que no final se revelam os principais fatores de contribuição para o sucesso.

Outra forma de ineficiência positiva é um negócio cujas operações já incorporem certa folga.

A manufatura *just-in-time* — em que as empresas não estocam as peças de que necessitam para confeccionar seus produtos, dependendo em vez disso de remessas em cima da hora desses componentes — foi o exemplo perfeito de operações eficientes nos últimos vinte anos. Então veio a covid-19, interrompendo as cadeias de fornecimento, e praticamente todos os fabricantes enfrentaram uma terrível escassez das coisas de que precisavam.

É uma profunda ironia: em 2022, durante uma das maiores explosões de gastos dos consumidores na história, a indústria automotiva presenciou o fechamento de fábricas por falta de chips, freios e tinta. Não havia margem para erro. O *objetivo* do negócio era não dar margem ao erro — e o efeito foi completamente o oposto. Alguma ineficiência por toda a rede de fornecimento teria sido o ideal. A margem para erro é com frequência vista como custo, ônus, atraso de vida. Mas a longo prazo pode se constituir num dos maiores retornos imagináveis.

O mesmo vale para os investimentos. Num mercado em alta, dinheiro em caixa é uma bola de ferro no pé. Num mercado em baixa, é valioso como oxigênio. A alavancagem é o modo mais eficiente de maximizar seu balanço patrimonial e o modo mais fácil de perder tudo. A concentração é o melhor modo de maximizar os retornos, mas a diversificação é o melhor modo de aumentar suas chances de possuir uma empresa capaz de gerar retorno. E assim por diante.

Se formos francos, veremos que um pouco de ineficiência é a situação ideal.

O mesmo vale para a análise. Há uma piada no ramo do investimento de que é melhor estar aproximadamente certo do que exatamente errado. Mas onde entra o esforço intelectual na indústria do investimento? Na busca por precisão — uma exatidão na casa dos decimais, a fim de iludir as pessoas e levá-las a pensar que não estão deixando escapar nenhuma oportunidade, quando na maioria das vezes não estão dando margem alguma de erro a suas análises.

Investir em seu futuro a longo prazo sem dúvida é ótimo, pois as chances de que a economia fique mais produtiva e mais valiosa são muito boas. Mas tentar prever o exato caminho que tomaremos para chegar lá pode ser um tremendo desperdício de recursos.

Descrevo meu modelo preditivo como "bom o bastante".

Tenho confiança de que as pessoas solucionarão os problemas e com o tempo se tornarão mais produtivas.

Tenho confiança de que, com o tempo, os mercados alocarão as recompensas dessa produtividade aos investidores.

Tenho confiança no excesso de confiança dos outros, portanto sei que ao longo do caminho haverá erros, acidentes, expansões, recessões.

Não é minucioso, mas é bom o bastante.

Mantendo as previsões simples assim, liberamos nossa disponibilidade para outras atividades. Gosto de estudar os comportamentos em investimento que nunca mudam e jamais teria tempo para fazer isso se passasse o dia prevendo o que a economia fará no próximo trimestre. O mesmo vale para praticamente qualquer área. Quanto mais precisos tentamos ser, menos tempo temos para nos concentrar nas regras do cenário mais amplo que são provavelmente mais importantes. Tem menos a ver com admitir que não podemos fazer previsões do que com reconhecer que nossas previsões são meramente boas o bastante. Podemos investir nosso tempo e nossos recursos de forma mais eficiente em outro lugar.

Assim como no caso da evolução, a chave é perceber que, em geral, quanto mais perfeitos tentamos ser, mais vulneráveis nos tornamos.

A seguir, uma das histórias mais malucas que conheço, sobre outro risco muito fácil de ignorar: a desvantagem dos atalhos.

É pra ser difícil mesmo

Tudo o que vale a pena buscar vem com certo sofrimento. O segredo é ignorar a dor.

Deixe-me partilhar algumas ideias sobre o fascínio, e o perigo, dos atalhos.

Poucas histórias farão você se contorcer como esta.[1]

Em 1846, 87 pessoas lideradas pela família Donner partiram de Springfield, Illinois, rumo à Califórnia, um lugar aparentemente a um mundo de distância, mas que guardava a promessa de riquezas e um novo começo.

A jornada era no mínimo penosa e arriscada: além de levar vários meses, havia a ameaça constante de ataques indígenas, doenças e intempéries.

Na metade da viagem, os Donner, exaustos após meses na trilha, deram ouvidos à sugestão de um explorador de Ohio chamado Lansford Hastings, que os convenceu de que eles poderiam abreviar a viagem em três ou quatro dias atravessando a região do atual estado de Utah, contornando a trilha tradicional e bem conhecida que corta o que agora é o sul de Idaho.

Hastings estava errado em quase todos os aspectos. O "atalho" era muito mais longo e árduo do que a rota tradicional, levando-os a cruzar o deserto do Grande Lago Salgado sob o calor escaldante do meio do verão. O grupo quase ficou sem água, perdeu a maior parte dos bois e — o mais grave — acrescentou um mês à viagem.

O atraso não poderia ter sido mais catastrófico.

Agora eles teriam de atravessar as montanhas de Sierra Nevada, perto do lago Tahoe, em pleno inverno, e não mais no fim do outono, como inicialmente planejado. O inverno de 1847 se revelou um dos mais brutais jamais registrados, e os Donner precisavam transpor montes de neve com mais de cinco metros de altura, o que se revelou impossível para o comboio (em que mais da metade das 81 pessoas restantes tinha menos de dezoito anos). Assim, o grupo montou acampamento e aguardou pelo fim do inverno da melhor forma que pôde. Mas não tardaram a ser acometidos pela fome e a começar a morrer como moscas.

Foi então que os sobreviventes recorreram ao que os inscreveu nos livros de história: o canibalismo.

A carne dos mortos era cortada e cuidadosamente rotulada a fim de impedir que alguém comesse um membro da própria família. Georgia Donner, com quatro anos na época, recordou mais tarde como se alimentou com estranhos pedaços de carne: "Papai estava chorando e ficou o tempo todo sem olhar pra gente. [...] Não tinha outra coisa".

Tudo isso, vale lembrar, porque haviam sido tentados a tomar um atalho.

———

Há uma cena em *Lawrence da Arábia* em que Lawrence apaga um fósforo com os dedos sem nem piscar.[2] Outro homem o vê fazer isso e grita de dor ao tentar imitá-lo.

"Ai! Qual é o truque?", ele pergunta.

"O truque é não se importar com a dor", responde Lawrence.

Essa é uma das habilidades mais valiosas que há na vida — suportar a dor quando necessário, em vez de presumir que há alguma artimanha ou atalho para contorná-la.

Em um lugar onde trabalhei, tive um colega que contratou um consultor de mídias sociais. Em três horas de reunião, o consultor nos orientou sobre hashtags, a melhor hora do dia para postar no Twitter, como um *thread* aumenta o engajamento e uma série de outras artimanhas.

Era um cara legal. Mas em nenhum momento ele mencionou o truque mais efetivo de todos: escrever coisas interessantes que as pessoas queiram ler.

É porque não existe artimanha para escrever coisas interessantes. É difícil. Demanda tempo e criatividade. Não dá para fabricar. Funciona com uma taxa de sucesso de quase 100%. Mas, para as mídias sociais, equivale a um treino pesado.

O mesmo vale para dietas, finanças, marketing... todo mundo quer um atalho. As pessoas sempre foram assim, mas desconfio que têm piorado à medida que a tecnologia impõe um parâmetro maior para a rapidez nos resultados.

Macetes são atraentes porque parecem um caminho para a recompensa sem esforço. Mas, no mundo real, raramente existem.

Charlie Munger observou: "O modo mais seguro de tentar obter o que desejamos é tentar fazer por merecê-lo. É uma ideia simples. Uma regra de ouro. Queremos entregar ao mundo o que compraríamos se estivéssemos na outra ponta".[3]

Em 1990, David Letterman perguntou a seu amigo Jerry Seinfeld como seu novo *sitcom* estava se saindo.[4]

Jerry comentou sobre um problema frustrante: a NBC providenciara equipes de redatores de comédia para o programa e a seu ver o material não era grande coisa.

"Não seria ainda mais estranho se fosse bom?", questionou David.

"Como assim?", disse Jerry.

"Não seria esquisito se eles conseguissem produzir pilhas de material hilariante todo dia?"

Seinfeld riu e comentou: "É pra ser difícil mesmo".

Claro que é. Jerry Seinfeld, Michael Jordan ou Serena Williams são tão famosos porque são únicos. O que eles realizaram é incomensuravelmente difícil, e é isso que admiramos.

A *Harvard Business Review* comentou certa vez que Jerry Seinfeld decidiu encerrar a série em parte devido a um esgotamento profissional.[5] A revista perguntou se ele e seu cocriador Larry David poderiam ter evitado a exaustão e seguido com o programa se tivessem recorrido a uma empresa como a McKinsey para criar um processo de escrita mais eficiente.

Seinfeld perguntou se a McKinsey é engraçada.

Não, disse a revista.

"Então não preciso deles", retrucou. "Se você é eficiente, está fazendo as coisas do jeito errado. O jeito certo é o jeito difícil. A série foi um sucesso porque supervisionei cada palavra, cada fala, cada tomada, cada edição, cada escolha de elenco."

Se você é eficiente, está fazendo as coisas do jeito errado.

Isso é tão contraintuitivo. Mas acho que exemplifica perfeitamente o perigo dos atalhos.

Parte disso é simplesmente entender os custos do sucesso.

Jeff Bezos comentou certa vez sobre a realidade de amar o que faz:

Se você atinge um ponto no trabalho em que aprecia metade dele, já é incrível. Pouquíssimas pessoas conseguem até mesmo isso.

Porque a verdade é que tudo vem com um custo operacional. A realidade é essa. Tudo vem com pedaços de que você não gosta.

Você pode ser um juiz da Suprema Corte e mesmo assim haverá pedaços do seu trabalho de que você não vai gostar. Pode ser um professor universitário e mesmo assim terá de comparecer a reuniões docentes. Todo trabalho vem com pedaços de que não gostamos.

E precisamos dizer: faz parte.[6]

Faz parte.

Faz parte de tudo. O conselho de Bezos se aplica a tanta coisa além das nossas carreiras.

Uma regra simples e óbvia, mas fácil de ignorar, é que tudo o que vale a pena buscar vem com certo sofrimento. De que outra forma poderia ser? Tudo tem um preço, e esse preço costuma ser proporcional às potenciais recompensas.

Mas raramente há uma etiqueta de preço. E esse preço não é pago em dinheiro. A maioria das coisas que vale a pena buscar cobra um tributo na forma de estresse, de incertezas, exigindo lidar com pessoas excêntricas, burocracia, incentivos conflitantes dos outros, aborrecimentos, bobagens, longas horas e dúvida constante. Esse é o custo operacional de progredir na vida.

Muitas vezes é um preço que vale a pena pagar. Mas você precisa entender que o preço tem de ser pago. Há poucos cupons e as vendas são raras.

———

Algo que subestimamos facilmente na vida é que há um certo nível de ineficiência que é não só inevitável como também ideal.

Steven Pressfield já era escritor havia trinta anos quando publicou *The Legend of Bagger Vance*. Sua carreira até então fora desanimadora; a certa altura, morou em uma pensão para pacientes psiquiátricos, porque o aluguel era baixo.

Pressfield descreveu as pessoas na pensão como as mais engraçadas e interessantes que já conheceu, e afirmou ter logo percebido que elas nada tinham de doidas: eram antes "inteligentíssimas", "enxergavam além das bobagens humanas", e por isso "não conseguiam funcionar em sociedade".

"Elas não conseguiam permanecer em seus empregos porque não eram capazes de aturar toda a conversa mole", disse.[7] O resto do mundo as via como párias e desajustadas. Mas, na verdade, disse Pressfield, elas eram geniais.

Isso me lembra algo em que sempre acreditei.

Se você percebe que a ineficiência está por toda parte, a pergunta não é "Como posso evitá-la completamente?", mas "Até que ponto sou capaz de suportar as baboseiras das pessoas e ainda assim funcionar em um mundo caótico e imperfeito?".

Se a sua tolerância é zero — se você é alérgico a diferenças de opinião, incentivos pessoais, emoções, ineficiências, falhas de comunicação e assim por diante —, suas chances de ser bem-sucedido em qualquer coisa que exija outras pessoas ao redor é perto de zero. É impossível funcionar no mundo, como diz Pressfield. O outro extremo do espectro — aceitar completamente todas as bobagens e aborrecimentos — é igualmente ruim. O mundo vai devorá-lo vivo.

O que deixamos facilmente de perceber é que há coisas ruins que se tornam problemas maiores quando tentamos eliminá-las. Acho que as pessoas mais bem-sucedidas reconhecem quando uma certa quantidade de aceitação supera a pureza. Furtos são um bom exemplo. A lojinha da esquina poderia eliminar os furtos revistando todo cliente ao sair. Mas daí ninguém faria compras no lugar. Assim, o nível ideal nunca é zero. Tolerar o furto até certo ponto é um custo inevitável do progresso.

A ineficiência, em todas as suas formas, é similar.

Uma habilidade única, subestimada, é identificar a quantidade ideal de aborrecimentos e bobagens que somos capazes de aturar para progredir sem abrir mão da convivência.

Franklin D. Roosevelt — o homem mais poderoso do mundo, cuja paralisia muitas vezes o fazia precisar de ajuda para ir ao banheiro — disse: "Se você não pode usar as pernas e lhe trazem leite quando você queria suco de laranja, aprenda a dizer 'tudo bem' e beba o leite".[8]

Cada área e cada carreira são diferentes, mas há um valor universal em aceitar aborrecimentos quando a realidade o exige.

Volatilidade. Pessoas passando por um dia ruim. Intrigas de escritório. Personalidades difíceis. Burocracia. Nada disso é agradável. Mas tudo precisa ser aturado até certo ponto se queremos realizar alguma coisa.

Muitos gestores mostram pouca tolerância para bobagens. Consideram isso nobre. *Exijo excelência*, afirmam. Mas isso não é nada realista. A imensa maioria deles jamais irá prosperar na carreira. O combustível da composição é a resiliência: tolerar os momentos de insanidade não é um defeito, é aceitar um nível ideal de aborrecimento.

O mesmo vale para os negócios. Meu amigo Brent diz que dirigir uma empresa é como mastigar vidro levando socos na cara: "Muitas vezes nada funciona. As emoções ficam à flor da pele. A confusão reina". Ele também compara a gestão empresarial a uma batalha diária — você acorda toda manhã, pega sua espada, luta contra os desafios e reza para chegar vivo em casa. Mas lidar com esse aborrecimento é o único motivo que faz tudo valer a pena. "Sem sofrimento não há lucro", ele costuma dizer. Há um nível ideal de aborrecimento que precisa ser aceito, até mesmo abraçado.

Outro lado positivo: quando aceitamos a ineficiência em determinado grau, paramos de negar sua existência e adquirimos uma visão mais clara de como o mundo funciona.

Certa vez, estive em um voo com o CEO de uma empresa — ele fez questão de deixar sua posição clara para todo mundo — que ficou fora de si porque tivemos de mudar de portão de embarque duas vezes. Pensei: como esse homem conseguiu subir na vida sem ser capaz de lidar com esses contratempos insignificantes, fora do nosso controle? A resposta mais provável é que ele vive em negação quanto ao que considera estar sob seu controle e exige uma precisão irrealista de seus subordinados, que compensam isso escondendo dele as notícias desagradáveis.

Um princípio básico para um monte de coisas é identificar o preço e estar disposto a pagá-lo. O preço de muitas coisas é aturar uma quantidade ideal de aborrecimentos.

A seguir, uma verdade dolorosa: a única coisa mais difícil do que obter uma vantagem competitiva é mantê-la.

Continue correndo

A maioria das vantagens competitivas acaba sumindo.

A evolução é boa no que faz. E uma das coisas que ela faz é proporcionar aos animais corpos maiores ao longo do tempo.

Edward Drinker Cope foi um paleontologista do século XIX. Seu trabalho, mais tarde conhecido como a Regra de Cope — não universal o suficiente para ser chamada de lei —, examinou as linhagens de milhares de espécies e identificou um claro viés evolucionário no sentido de os animais se tornarem cada vez maiores.[1]

Cavalos passaram do tamanho de um cão pequeno à sua altura moderna. Serpentes, do tamanho de uma minhoca a uma sucuri. Dinossauros, de lagartos de um palmo de comprimento a brontossauros. Humanos, de ancestrais que há milhões de anos mediam pouco mais de um metro à nossa estatura média atual.

Isso não surpreende. Uma espécie maior tem mais facilidade para capturar presas, viaja distâncias maiores e comporta um cérebro maior.

A questão óbvia é: *Por que a evolução não torna todas as espécies imensas?*

Os cientistas Aaron Clauset, do Instituto Santa Fe, e Douglas

Erwin, do Museu Americano de História Natural, explicaram isso em um artigo que sintetizou a questão numa frase maravilhosa: "A tendência da evolução de criar espécies maiores é contrabalançada pela tendência da extinção de aniquilar espécies maiores".[2]

O tamanho corporal em biologia é como a alavancagem em investimento: intensifica os ganhos, mas amplia as perdas. Funciona bem por um tempo e depois sai espetacularmente pela culatra, no momento em que os prós são muito bons mas os contras são letais.

Como ferir-se, por exemplo. Animais de grande porte são frágeis. A formiga pode cair de uma altura correspondente a 15 mil vezes seu tamanho e sair andando como se nada tivesse acontecido.[3] Já o rato quebrará alguns ossos após cair de uma altura cinquenta vezes maior do que a dele. Um ser humano, por sua vez, morrerá se cair de uma altura dez vezes superior a seu tamanho. Um elefante caindo do dobro da sua altura explodirá como uma bexiga cheia d'água.

Animais de grande porte também exigem muito território per capita, o que pode ser brutal quando o hábitat se torna escasso.[4] Devido à sua massa corporal, eles precisam de mais alimento do que animais pequenos, algo que em tempos de escassez significa o fim da linha. Além disso, não podem se ocultar facilmente. Movem-se devagar. Reproduzem-se devagar. O fato de ocuparem o topo da cadeia alimentar significa que em geral não precisam se adaptar, o que pode ser desastroso quando a adaptação é exigida. As criaturas mais dominantes tendem a ser imensas, enquanto as mais persistentes costumam ser menores: T-Rex < barata < bactéria.

O que é incrível nisso tudo é a evolução encorajar o maior tamanho para depois punir quem ficou grande.

É um sinal revelador do que acontece em tantos setores da vida: as vantagens competitivas não duram muito tempo.

Isso aconteceu, por exemplo, com uma das empresas mais celebradas dos Estados Unidos: a Sears.

A única coisa mais difícil do que obter uma vantagem competitiva é não perder a vantagem competitiva que você tem.

Se você fosse um roteirista de cinema e precisasse conceber uma empresa de faz de conta dotada da maior vantagem competitiva imaginável, provavelmente se sairia com algo parecido com a Sears na década de 1970.

Era a maior rede varejista do mundo, sediada no edifício mais alto do mundo, empregando uma das maiores forças de trabalho do mundo.

"Ninguém precisa lhe dizer que você veio ao lugar certo. A atmosfera de autoridade no merchandising é completa e inequívoca", escreveu o *New York Times* sobre a empresa em 1983.[5]

A Sears era tão boa no comércio varejista que, nas décadas de 1970 e 1980, aventurou-se por outras áreas. Nas finanças, por exemplo. Ela possuía a seguradora Allstate, a empresa de cartões de crédito Discover, a corretora de valores Dean Witter e a imobiliária Coldwell Banker.

A Sears foi, em quase todos os aspectos, a Amazon de sua época: tão dominante em seu setor que pôde operar sua mágica em outras indústrias, aterrorizando a competição. O *Times* escreveu em 1974:

Donald T. Regan, presidente da Merrill Lynch [...] deu a entender ontem que a empresa se vê como uma espécie de Sears dos investimentos. [...] "Precisamos ter a maior eficiência possível para manter os custos ao consumidor reduzidos", afirmou. "Foi isso que fez da Sears um sucesso, e é uma regra que devemos ter em mente."[6]

E então tudo desmoronou.

A crescente desigualdade de renda empurrou o consumidor para produtos mais baratos ou de luxo, deixando a Sears numa faixa intermediária cada vez mais apertada. Rivais como Walmart e Target — mais jovens e famintas — decolaram.

No final dos anos 2000, a Sears era apenas uma sombra de seu antigo eu. "SIM, ESTAMOS ABERTOS", dizia o cartaz na porta da minha Sears local — um lembrete aos clientes, que praticamente haviam abandonado a loja.

A história de como a Sears perdeu sua vantagem competitiva é fascinante. Mas não é única. Em muitos aspectos, é o desfecho típico das empresas que um dia foram dominantes.

Abrir o capital é um sinal de que uma empresa encontrou vantagem competitiva suficiente para se expandir e virar uma grande corporação. Mas quase 40% de todas as empresas de capital aberto perderam completamente seu valor entre 1980 e 2014.[7] As dez mais na lista da Fortune 500 que foram à falência incluem a General Motors, a Chrysler, a Kodak... e a Sears. A lista de empresas irreconhecíveis em relação ao que haviam sido inclui a General Electric, a Time Warner, a AIG e a Motorola. Países seguem um destino similar. Em momentos variados no passado, o progresso científico e econômico do mundo foi dominado pela Ásia, pela Europa e pelo Oriente Médio.

Sempre que algo outrora poderoso perde sua vantagem, é tentador ridicularizar os erros de seus líderes. Mas ignoramos facilmente a quantidade de forças procurando arrancar uma eventual vantagem competitiva de nossas mãos especificamente *porque* a temos. O sucesso tem gravidade própria. "Quanto mais alto o macaco sobe na árvore, mais expõe seu traseiro", costumava dizer o magnata do petróleo T. Boone Pickens.

Cinco importantes fatores corroem as vantagens competitivas.

Um é que estar certo instila a confiança de que não podemos estar errados, uma característica devastadora em um mundo no qual o sucesso da excepcionalidade anda com um alvo nas costas e com a competição mordendo seus calcanhares. O tamanho está associado ao sucesso, o sucesso à soberba, e a soberba ao princípio do fim.

Outro é que o sucesso tende a levar ao crescimento, geralmente de modo intencional, mas grandes e pequenas organizações são dois tipos diferentes de animais, e as estratégias que conduzem ao sucesso num tamanho podem ser inviáveis em outro. É muito comum gestores de fundos de investimento brilharem numa década e terem um desempenho abaixo da média na década seguinte. Parte disso vem dos mistérios da sorte, mas o sucesso também atrai capital, e um grande fundo de investimento tem menos agilidade do que um pequeno. A versão disso no mundo profissional é o Princípio de Peter: trabalhadores talentosos continuam sendo promovidos até ultrapassarem seu nível de competência e falharem.

Um terceiro fator é a ironia de que as pessoas frequentemente trabalham duro para obter uma vantagem competitiva com o propósito deliberado de não precisar trabalhar tão duro no futuro. O trabalho árduo visa a uma meta, e, assim que ela é atingida, o relaxamento aparentemente tão justificado afasta a paranoia. Isso permite que os rivais e as transformações do mundo passem despercebidos.

Um quarto fator é que uma habilidade valiosa numa época talvez não seja mais valiosa tempos depois. Você pode trabalhar tão duro e continuar tão paranoico quanto sempre foi, mas, se o mundo não valoriza mais sua habilidade, azar o seu. A alta especialização é comum, pois pessoas e empresas muito boas numa coisa específica tendem a ser as mais valorizadas nos períodos de crescimento.

O último fator é que parte do sucesso se deve a estarmos no lugar certo na hora certa. O choque de realidade que desmascara a boa sorte muitas vezes só parece óbvio quando visto em retrospecto, e duvidar dele acaba sendo tanto uma lição de humildade quanto uma tentação.

A ideia de que a vantagem vem com prazo de validade é um aspecto fundamental do crescimento. Isso não necessariamente é uma tragédia — nem todas as vantagens competitivas terminam como o caso da Sears. A Grã-Bretanha perdeu a supremacia econômica e militar que detinha no século XIX e continuou a ser um ótimo lugar para se viver no século XX.

Mas as vantagens competitivas tendem a ter vida curta, geralmente porque o sucesso planta as sementes de seu próprio declínio.

———

Leigh Van Valen foi um biólogo evolucionário meio amalucado que tinha uma teoria tão excêntrica que nenhum periódico acadêmico queria publicá-la. Assim, ele fundou seu próprio periódico, publicou-a e a ideia acabou sendo aceita no meio acadêmico.

Ideias como a dele — contraintuitivas, mas em última análise verdadeiras —, embora sejam as mais dignas de nossa atenção, acabam sendo subestimadas.

Por décadas, os cientistas presumiram que, quanto mais tempo uma espécie existia, maior a probabilidade de continuar existindo, uma vez que sua longevidade se provara um ponto forte que tendia a perdurar. Ela era tida não só como um trunfo, mas também como um prenúncio.

No início da década de 1970, Van Valen procurou ratificar esse conhecimento convencional, mas sem sucesso. Os dados simplesmente não batiam.

Ele então começou a se perguntar se a evolução não seria uma força tão inexorável e implacável que as espécies longevas haviam tido apenas sorte. Os dados se encaixaram melhor com *essa* teoria.

Em princípio, imaginaríamos que novas espécies descobrindo seu nicho seriam frágeis e suscetíveis à extinção — digamos, uma chance de extinção de 10% em determinado período —, enquanto uma espécie antiga, que já provara sua força, teria, digamos, uma chance de 0,01% de ser extinta.

Mas, quando Van Valen analisou as taxas de extinção em função da longevidade, a tendência estava mais para uma linha reta.

Algumas espécies sobreviviam por longo tempo. Porém entre grupos de espécies a probabilidade de extinção era aproximadamente a mesma, tivessem elas 10 mil ou 10 milhões de anos.

Em um artigo de 1973 intitulado "Uma nova lei evolucionária", Van Valen escreveu que "a probabilidade de extinção de um táxon é efetivamente independente de sua idade".

Se pusermos mil bolinhas de gude em um pote e removermos 2% delas todo ano, algumas permanecerão ali após vinte anos. Mas as chances de serem removidas são iguais ano a ano (2%). As bolinhas de gude não se especializaram em permanecer no pote.

Com as espécies se dá o mesmo. Algumas calham de existir por longos períodos, mas as probabilidades de sobrevivência não melhoram com o tempo.

Van Valen argumentou que isso se dá sobretudo porque a competição não é como um jogo de futebol, terminando com um vencedor que depois pode descansar.[8] A competição é incessante. A espécie que obtém uma vantagem na competição instantaneamente incentiva a rival a melhorar. É uma corrida armamentista.

A evolução é o estudo das vantagens. A ideia de Van Valen é simplesmente de que não existem vantagens permanentes. Todos lutam o tempo todo, mas ninguém fica tão à frente que se torne à prova de extinção.

Algumas coisas evoluem sem nunca ficarem de fato mais bem adaptadas, pois as ameaças vivem mudando. O rinoceronte-negro sobreviveu por 8 milhões de anos antes de ser levado às raias da extinção pelo ser humano. O Lehman Brothers se adaptou e prosperou por 150 anos e atravessou 33 recessões antes de seu acerto de contas final com os títulos lastreados em hipotecas. E então, já era.

Ninguém está seguro. Ninguém pode descansar.

Van Valen chamou isso de hipótese evolucionária da Rainha Vermelha. Em *Alice através do espelho*, ao encontrar a Rainha Vermelha, a protagonista descobre que é preciso correr para permanecer no lugar:

Por mais depressa que ela e a Rainha corressem, não pareciam ultrapassar nada. "Será que as coisas todas estão se movendo junto conosco?", pensou, atônita, a pobre Alice. E a Rainha pareceu lhe adivinhar os pensamentos, pois gritou: "Mais rápido! Não tente falar!".[9]

Continuar correndo para permanecer no lugar é como a evolução funciona. Mas não é assim também que funcionam quase todas as coisas no mundo moderno?

Negócios?

Produtos?

Carreiras?

Países?

Relacionamentos?

Sim, sim, sim, sim e sim.

A evolução é implacável — seu ensinamento não é mostrar o que funciona, mas destruir o que não funciona.

Uma lição a extrair aqui é que nunca deveríamos nos surpreender quando algo que domina uma época desaparece na seguinte. Trata-se de uma das narrativas mais comuns da história. Poucas empresas, produtos, músicos, cidades, escritores permanecem relevantes por mais que algumas décadas, com raras exceções (a Levi's, o chocolate Snickers, os Beatles, Nova York).

Outra lição é continuar a correr. Nenhuma vantagem competitiva é tão poderosa que lhe permita repousar sobre os louros — e, na verdade, as que parecem sê-lo tendem a semear a própria derrocada.

A seguir, veremos por que é tão difícil sondar o que o futuro nos reserva.

As maravilhas do futuro

*Vivemos com a sensação de que estamos
ficando para trás, e é fácil subestimar
o potencial de novas tecnologias.*

Há um caminho típico pelo qual as pessoas reagem ao que acaba se revelando uma tecnologia revolucionária:

- Nunca ouvi falar.
- Ouvi falar, mas não sei o que é.
- Entendo o que é, mas não sei qual a utilidade.
- Percebo como pode ser divertido se você for rico, mas não é para mim.
- Uso, mas só para brincar.
- Estou achando cada vez mais útil.
- Uso sempre.
- Não sei como seria viver sem.
- Como as pessoas viviam sem?
- É poderosa demais e deveria ser regulamentada.

Isso sempre acontece. É muito difícil imaginar o potencial que uma pequena invenção pode um dia alcançar.

———————

Uma visão comum ao longo da história é a de que as inovações passadas foram magníficas, mas as do futuro deverão ser limitadas, porque já desenvolvemos tudo que era fácil desenvolver.

Em 12 de janeiro de 1908 o *Washington Post* estampou uma manchete que ocupava uma página inteira: "Homens pensantes da América preveem os prodígios do futuro".[1]

Entre os "homens pensantes" subentendidos nas entrelinhas estava Thomas Edison.

Edison já mudara o mundo a essa altura; ele era o Steve Jobs de seu tempo.

Os editores do *Washington Post* perguntavam: "A era das invenções está terminando?".

"Terminando?", Edison respondeu, parecendo perplexo de que tal pergunta pudesse ser feita. "Mas ainda nem começou."

"Então o senhor acredita que os próximos cinquenta anos presenciarão desenvolvimentos mecânicos e científicos tão importantes quanto no último meio século?", continuou o jornal.

"Mais importantes. Muito mais importantes."

"Em que áreas o senhor imagina que se dará esse desenvolvimento?"

"Em todas as áreas."

Não se tratava de otimismo cego. Edison conhecia o processo de descoberta científica. Grandes inovações não ocorrem de uma vez; são construídas vagarosamente à medida que diversas inovações menores se combinam com o passar do tempo. Ele não era muito bom de planejamento. Era um faz-tudo prolífico, que reunia partes de um modo que não compreendia inteiramente, na confiança de que pequenas descobertas ao longo do caminho se combinariam para potencializar invenções mais significativas.

Ele não foi o criador da primeira lâmpada, por exemplo: apenas melhorou muito o que outros já haviam feito. Em 1802, 77 anos antes da lâmpada de Edison, um inventor britânico chamado Humphry Davy criou uma lâmpada de arco voltaico utilizando bastões de carvão em lugar de um filamento.[2] Ela funcionava como a lâmpada de Edison, mas era impraticável de tão brilhante — a pessoa quase ficava cega se olhasse direto para ela —, e permanecia acesa por pouco tempo antes de queimar, por isso raramente era usada. A contribuição de Edison foi remodelar o projeto para melhorar o brilho e a duração. Um avanço tremendo. Porém obtido graças a dezenas de avanços anteriores, nenhum deles tão significativo por direito próprio.

Por isso ele era tão otimista sobre as inovações: "Nunca é possível saber a que uma descoberta aparentemente modesta levará. Alguém descobre alguma coisa e na mesma hora um bando de experimentadores e inventores começa a explorar todas as variações em cima disso".

Deu alguns exemplos:

Vejamos por exemplo os experimentos de Faraday com discos de cobre. Não parecia que ele estava brincando de fazer ciência? Pois é, isso resultou no bonde elétrico. Ou o tubo de Crookes. Parecia uma descoberta acadêmica, mas é graças a ele que temos o raio X. Hoje há um monte de experimentos sendo feitos que ninguém consegue prever a que coisas grandiosas levarão.

E sentenciou: "Vocês estão me perguntando se a era da invenção acabou? Ora, não sabemos nada ainda".

E aconteceu exatamente assim.

Quando o avião entrou em uso prático no início do século XX, uma das primeiras tarefas foi tentar prever que benefícios adviriam dele. Algumas ideias óbvias foram a entrega de correspondência e competições aéreas.

Ninguém previu usinas nucleares. Mas elas não teriam sido possíveis sem o avião.

Sem o avião, não haveria a bomba aérea. Sem a bomba aérea, não haveria a bomba nuclear. E, sem a bomba nuclear, não teríamos descoberto o emprego pacífico da energia nuclear.

A mesma coisa acontece hoje. O Google Maps, o TurboTax e o Instagram não teriam sido possíveis sem a Arpanet, um projeto do Departamento de Defesa americano da década de 1960 que conectou computadores para lidar com segredos da Guerra Fria e se transformou na base da internet. E assim passamos da ameaça de guerra nuclear para o preenchimento do imposto de renda no sofá — um elo impensável há cinquenta anos, mas que está aqui.

O escritor Safi Bahcall observou que o filme polaroide foi descoberto quando cachorros doentes tratados com quinino para a eliminação de parasitas apresentaram um tipo incomum de cristal na urina. Esses cristais se revelaram os melhores polarizadores já descobertos.

Quem prevê uma coisa dessas? Quem sabe o que está por vir? Ninguém. Absolutamente ninguém.

O Facebook, analogamente, começou como uma forma de estudantes universitários compartilharem fotos de seus fins de semana de bebedeira e uma década depois era o instrumento mais poderoso da política mundial. Repito: é impossível antecipar tais resultados.

E é por isso que toda inovação é difícil de prever e fácil de subestimar. O caminho de A a Z pode ser tão complexo e conduzir a um destino tão estranho que é praticamente impossível olhar para as ferramentas de hoje e extrapolar a partir disso o que podem se tornar. Alguém em algum lugar por aí neste exato momento está inventando ou descobrindo algo que mudará completamente o futuro. Mas provavelmente ainda levaremos muitos anos para ficar sabendo. É sempre assim que funciona.

Existe uma teoria na biologia evolucionária chamada teorema fundamental da seleção natural de Fisher.[3] É a ideia de que variância equivale a força, pois, quanto mais diversa uma população, maiores as chances de surgirem novas características que sejam selecionáveis. Ninguém tem como saber quais delas serão úteis; não é assim que a evolução funciona. Mas, se um monte de características forem criadas, as úteis — sejam elas quais forem — estarão ali em algum lugar.

Com a inovação é a mesma coisa. A qualquer momento dado é fácil olhar em volta para o que as startups estão construindo ou os cientistas descobrindo e então pensar: o que fazemos nesse momento *pode até ser engenhoso* — quando muito —, mas nem se compara com o que fizemos no passado. Como nunca sabemos de que maneira as múltiplas inovações irão se combinar, o caminho mais fácil é concluir que os melhores tempos já foram, ignorando o potencial das coisas em que trabalhamos no presente.

Uma lição a tirar aqui é como podemos facilmente sentir que ficamos para trás. Na maioria das épocas costumamos ter a sensação de que nada útil foi inventado nos últimos dez ou vinte anos. Mas isso só acontece porque às vezes leva de dez a vinte anos para uma inovação demonstrar sua utilidade. Quando percebemos que o progresso se dá vagarosamente ao longo do tempo, passo a passo, entendemos que as inovações minúsculas para as quais ninguém dá muita bola são as sementes do que guarda o potencial de se combinar em algo grande.

Dee Hock afirma: "Um livro é muito mais do que aquilo que o autor escreveu; é também tudo que somos capazes de imaginar e inferir a partir dele". Com as novas tecnologias ocorre algo similar. O valor de toda nova tecnologia não é apenas o que ela pode fazer; é o que alguém mais, com um conjunto de habilidades e uma perspectiva totalmente diferentes, consegue criar manipulando-a.

Outra lição é como subestimamos facilmente em que medida as pequenas coisas podem se combinar em algo imenso. Vejamos o modo como a Mãe Natureza funciona: um pouco de ar frio vindo do norte não tem nada demais. Uma brisa amena vinda do sul é agradável. Mas quando as duas coisas se misturam sobre o Missouri o resultado é um tornado. É o que chamamos de efeitos emergentes, e eles podem ser incrivelmente poderosos. Com as novas tecnologias acontece o mesmo. Um trocinho enfadonho mais um trocinho enfadonho pode ser igual a um troço revolucionário de um modo que é difícil de compreender se não considerarmos o crescimento exponencial. O mesmo ocorre nas carreiras, quando alguém com habilidades medíocres combinadas no momento certo torna-se imensamente mais bem-sucedido do que alguém especializado numa única coisa.

Em 12 de janeiro de 1908 — mesmo dia em que o *Washington Post* publicou sua entrevista com Thomas Edison —, a primeira mensagem de rádio por longa distância foi enviada na França.[4]

Ninguém era capaz de prever as invenções que isso acabaria semeando, incluindo as que 114 anos depois me ajudaram a escrever este livro e enviá-lo para o editor.

Sempre foi assim.

Agora quero contar uma história sobre como as pessoas são boas em disfarçar o quanto a vida pode ser dura.

Mais difícil do que pensamos e não tão divertido quanto parece

A grama do vizinho é sempre mais verde — sobretudo quando fertilizada com as bostas que ele fala.

Em 1963, a revista *Life* perguntou a James Baldwin de onde ele tirava sua inspiração. O escritor respondeu:

> A gente pensa que o nosso sofrimento e as nossas mágoas não têm precedentes na história do mundo, mas daí descobre a leitura. Aprendi com os livros que as coisas que mais me atormentavam eram exatamente as mesmas que me conectavam a todas as pessoas que existem hoje ou já existiram. Um artista é uma espécie de historiador das emoções.[1]

É uma observação maravilhosa. Mas acho que o que ele descreve aqui é raro.

A maioria das pessoas não revela seus tormentos, seus medos, suas inseguranças, sua felicidade ou infelicidade. É raro alguém nos contar honestamente sobre suas falhas e fracassos.

A versão maquiada que apresentamos ao mundo é bem mais comum.

"Quem não te conhece que te compre" é um ditado que se assemelha à passagem bíblica segundo a qual ninguém é profeta em sua própria terra. Embora esta última tenha um significado mais profundo, as duas afirmações tocam num ponto importante: é mais fácil convencer os outros de que somos especiais se eles não conhecerem o suficiente a nosso respeito para perceberem em quantos aspectos na verdade não somos.

Tenha isso em mente ao comparar sua carreira, seu negócio e sua vida com a dos outros.

Um bom conselho ao qual levei algum tempo para dar ouvidos é o de que tudo na vida são vendas. *Tudo na vida são vendas.* Em geral, ele é tomado como uma orientação para a carreira — seja qual for sua função na empresa, seu papel em última análise é ajudar nas vendas.

Mas ele se aplica a tantas outras coisas.

Tudo na vida são vendas também quer dizer que todo mundo tenta criar uma autoimagem que procura vender para os demais. Embora alguns tenham uma tática mais agressiva, toda a sociedade disputa o jogo da imagem, ainda que subconscientemente. E, ao elaborar essa imagem, não oferece uma visão completa. A imagem vem com filtro. Os talentos são propagandeados e as falhas, disfarçadas.

Um amigo se queixou comigo de como sua empresa era ineficiente. Os processos são ruins, a comunicação é ruidosa. Ele então afirmou que uma empresa rival era muito melhor e mais organizada. Perguntei como ele sabia disso — ele nunca tinha trabalhado lá, nem sequer entrado no lugar. "Você tem razão", ele respondeu. "Vista de fora, parece que é."

Mas quase tudo parece melhor quando visto de fora.

Garanto que os funcionários da empresa rival enxergam muitas falhas no modo como ela opera, porque sabem de algo sobre ela que meu amigo não sabe: como a salsicha é feita. Todas as personalidades problemáticas e decisões difíceis que só quem está dentro das trincheiras percebe. "Qualquer negócio é um desastre precariamente funcional", afirma Brent Beshore. Mas um negócio é como um iceberg: só uma fração dele é visível.

Com as pessoas se dá o mesmo.

O Instagram é repleto de fotos de férias na praia, não de voos atrasados. Os currículos destacam nossos triunfos na carreira, mas omitem nossas dúvidas e inseguranças. É fácil elevar os gurus do investimento e os titãs dos negócios a um status mítico porque não os conhecemos suficientemente bem para testemunhar as ocasiões em que seu processo decisório foi comum, quando não péssimo.

Claro que há um espectro. Certas empresas funcionam melhor do que outras, certas pessoas são mais perceptivas do que a média. Algumas são extraordinárias.

Mas é sempre difícil saber onde uma pessoa se situa nesse espectro, considerando a cuidadosa elaboração que ela faz de sua imagem. "A grama do vizinho é sempre mais verde", diz o ditado, "sobretudo quando fertilizada com as bostas que ele fala."

De vez em quando uma fresta se abre e nos permite enxergar a realidade. A biografia de Warren Buffett, *A bola de neve*, revelou que o indivíduo mais admirado da indústria financeira teve, por vezes, uma vida familiar miserável — em parte por sua própria culpa, danos colaterais de uma existência em que avaliar ações era a prioridade maior.

O mesmo vale para Bill e Melinda Gates, cuja vida parecia um mar de rosas até a notícia do conturbado divórcio. Elon Musk certa vez chorou quando lhe perguntaram sobre o impacto emocional de seu trabalho com a Tesla: "O preço que paguei foi ficar sem ver meus filhos, sem ver os amigos".[2]

Eu sofria de gagueira crônica quando era novo. Pessoas que me conhecem há anos costumam dizer, quando lhes conto a respeito: "Eu nunca soube que você tinha um problema". O comentário é bem-intencionado, mas na verdade destaca o problema. Eles não sabiam que eu gaguejava porque eu me abstinha de falar quando percebia que seria difícil para mim. Nunca sabemos quais dificuldades alguém está escondendo. Sempre me perguntei quantas pessoas conheço que talvez também sofram de gagueira sem o revelar. E quantas outras coisas não recebem o mesmo tratamento? Depressão, ansiedade, fobias... tantos problemas podem ser disfarçados de forma a alguém apresentar uma fachada de normalidade para ocultar sua luta íntima.

Voltando ao iceberg: o que a maioria de nós enxerga na maior parte do tempo é uma fração do que aconteceu de fato ou do que se passa na cabeça da pessoa. Expurgada de todas as partes ruins.

As coisas, em sua maioria, são mais difíceis do que pensamos e não tão divertidas quanto parecem.

O que leva a algumas questões.

Quando temos plena consciência de nossas próprias dificuldades, mas não enxergamos as alheias, é fácil presumir que ignoramos alguma habilidade ou segredo que os outros têm. Quanto mais nos referimos a pessoas bem-sucedidas como sendo dotadas de poderes sobre-humanos, mais todo mundo olha para elas e diz: "Eu nunca conseguiria fazer isso". O que é uma pena, pois mais gente estaria disposta a tentar se soubesse que aqueles que admiram provavelmente são pessoas normais que aproveitaram bem suas chances.

Quando uma pessoa é vista como mais extraordinária do que é, tendemos a supervalorizar seu ponto de vista sobre assuntos nos quais ela não possui nenhum talento especial. Como as opiniões políticas de um bem-sucedido gestor de fundos de hedge ou os conselhos de investimento de um político. Apenas quando conhecemos direito alguém é que percebemos que o melhor a fazer na vida é se especializar em algumas coisas e permanecer inepto em outras — isso se formos bons em algo. Há uma diferença importante entre uma pessoa cujo talento específico deve ser celebrado e alguém cujas ideias jamais devem ser questionadas. Chupe a laranja mas jogue a casca fora.

Todos lidam com problemas que não alardeiam, pelo menos até que os conheçamos bem. Tenha isso em mente para ser alguém mais compassivo — em relação a si próprio e aos demais.

A seguir, uma explicação sobre por que pessoas boas fazem coisas horríveis.

Incentivos: As forças mais poderosas do mundo

Quando os incentivos são absurdos, o comportamento é absurdo. As pessoas podem ser levadas a justificar e defender quase qualquer coisa.

Jason Zweig, do *Wall Street Journal*, afirma haver três caminhos para um escritor profissional:

1. Mentir para quem quer ouvir mentiras e ficar rico.
2. Dizer a verdade para quem quer ouvir a verdade e obter seu parco sustento.
3. Dizer a verdade para quem quer ouvir mentiras e viver sem um tostão furado.

É a síntese perfeita do poder dos incentivos e a explicação para algumas das coisas absurdas que as pessoas fazem.

―――――――

Aos 35 anos, Akinola Bolaji havia completado duas décadas de vida aplicando golpes na internet, passando-se por um pescador americano e explorando viúvas vulneráveis que lhe mandavam dinheiro.

O *New York Times* perguntou ao nigeriano como ele se sentia por prejudicar pessoas inocentes. Ele respondeu: "Definitivamente, a consciência sempre pesa. Mas a pobreza o impede de sofrer com isso".

Quando alguém passa fome, é mais fácil justificar para si mesmo por que está passando a perna nas pessoas.

O rapper Notorious B.I.G. certa vez mencionou casualmente que começou a vender crack na quarta série.[1]

Ele explicou como isso aconteceu. Desde pequeno, ele sempre se interessara por arte. Seus professores o incentivavam a ser artista e lhe diziam que ele podia ganhar a vida com ilustrações. Seu sonho no começo era desenhar cartazes publicitários.

Então, um dia, ele descobriu a venda de crack. "Daí eu pensei: arte comercial!? Haha. Vinte minutos por aí e consigo faturar uma grana de verdade, cara", relembrou o rapper.

O poeta soviético Evgeni Ievtuchenko especulava que no tempo de Galileu muitos cientistas deviam achar que a Terra girava em torno do Sol — "mas tinham famílias para alimentar", assim nunca abriram o bico.[2]

Esses são exemplos extremos de algo a que você, eu e todo mundo somos suscetíveis e pelos quais somos mais influenciados do que queremos admitir: os incentivos são a força mais poderosa do mundo e podem nos levar a justificar ou defender quase qualquer coisa.

Quando compreendemos como eles podem ser poderosos, paramos de nos surpreender que o mundo gire capengamente de absurdo em absurdo. Se me perguntassem "Quantas pessoas no mundo são realmente malucas?", eu diria, sei lá, uns 3% ou 5%. Mas se me perguntassem "Quantas pessoas no mundo estariam dispostas a fazer algo maluco com os incentivos certos?", eu diria, ah, 50% ou mais, fácil, fácil.

Por mais informação e contexto que tenhamos, nada é mais persuasivo do que aquilo que queremos ou necessitamos desesperadamente que seja verdade. E, como escreveu Daniel Kahneman, "é mais fácil perceber os erros dos outros do que os nossos". O poder dos incentivos reside não em como influenciar as decisões alheias, mas em como elas podem nos cegar para o impacto exercido sobre nossas próprias decisões.

Benjamin Franklin escreveu: "Se você quiser persuadir alguém, apele a seus interesses, não à sua razão". Os incentivos alimentam narrativas que justificam as ações e crenças das pessoas, proporcionando conforto até mesmo quando elas sabem que estão fazendo algo errado e acreditam em coisas que não são verdadeiras.

Nas palavras de James Clear: "As pessoas seguem incentivos, não conselhos".

———

Conto agora uma história verídica sobre um sujeito que conheci bem, um entregador de pizza que em 2005 se tornou corretor de empréstimos hipotecários.

Praticamente da noite para o dia ele passou a poder ganhar mais dinheiro em um dia do que entregando pizza no mês todo. Mudou completamente sua vida.

Ponha-se na pele dele. Sua função no banco era conceder crédito hipotecário. Sua família dependia desses empréstimos para comer. E, se ele não os concedesse, algum outro faria isso em seu lugar, de modo que protestar ou pedir demissão parecia inútil.

Em meados da década de 2000, todo mundo sabia que o crédito hipotecário era uma farsa. Todo mundo sabia que aquilo uma hora teria de acabar. Mas o que estava em jogo para alguém como meu amigo dizer "Isso é insustentável, vou pedir demissão e voltar a entregar pizzas" era alto demais. Para a maioria de nós, teria sido a mesma coisa. Não o culpei na época, assim como não o culpo hoje.

Muitos banqueiros prejudicaram seus clientes durante a crise financeira de 2008. Mas quase todo mundo subestima como agiria se alguém lhe acenasse com uma enorme recompensa. A maioria não enxerga os próprios defeitos. Parafraseando Benjamin Franklin: o vício sabe como é feio, então se oculta atrás da máscara.

Isso se estende ao topo da cadeia alimentar, do corretor financeiro ao CEO, os investidores, o avaliador, o corretor, o especulador imobiliário, os políticos, os altos funcionários do Banco Central — todos os incentivos são pesadamente voltados para não se sacudir o barco, assim todo mundo continua a remar muito tempo depois que o mercado se tornou insustentável.

Às vezes os comportamentos e os resultados são mais extremos.

Um documentário sobre o antigo chefão do narcotráfico El Chapo mostra uma aldeia pobre no México onde o violento líder do cartel era *extremamente* popular e apoiado pelos moradores locais, que faziam de tudo para protegê-lo. Um deles explicou:

> Estamos falando de pessoas praticamente sem renda nenhuma. El Chapo muitas vezes vinha e parava para conversar com alguém, dizendo: "Como vão as coisas?". E se a pessoa dissesse: "Minha filha vai se casar", ele respondia: "Deixa que eu cuido disso". Ele arrumava um lugar grande, contratava a banda, providenciava os comes e bebes e a cidade toda era convidada. O pai da noiva então diria: "El Chapo tornou isso possível".[3]

Em todas essas situações, trata-se de gente boa, honesta e bem--intencionada que acaba ensejando um mau comportamento porque os incentivos envolvidos são muito poderosos. E em cada uma dessas situações os incentivos são mais do que apenas financeiros. Incentivos podem ser culturais e tribais, quando apoiamos algo porque não queremos perturbar o grupo social nem nos sentirmos alijados dele. Muita gente é capaz de resistir a incentivos financeiros; já os incentivos culturais e tribais são difíceis de ignorar.

Um de seus principais atrativos é a tendência das pessoas a escutar e enxergar apenas o que querem.

Em 1997, um culto chamado Heaven's Gate pregava que uma espaçonave viajando atrás de um cometa estava a caminho da Terra para recolher os fiéis e transportá-los ao paraíso.

Vários membros do culto fizeram uma vaquinha para comprar um potente telescópio. Queriam ver a espaçonave com os próprios olhos.

Eles conseguiram encontrar o cometa no céu. Mas nada de nave espacial atrás dele.

Então voltaram à loja para devolver o telescópio e pedir estorno. O gerente perguntou se havia algum problema. Eles responderam que sim, que o telescópio estava claramente quebrado — porque não mostrara a espaçonave.[4]

Não faltam histórias de pessoas que acreditam no que querem acreditar.

E não estou falando apenas de integrantes de cultos.

Acontece que é difícil demais manter uma estrita objetividade quando os incentivos nos empurram numa direção.

Em 1923, Henry Luce tinha planos de criar uma revista chamada *Facts*. A revista só publicaria notícias que fossem objetivamente verdadeiras. Mas Luce não demorou a perceber que a missão era mais complicada do que imaginara. Assim, ele decidiu chamá-la de *Time*, considerando que poupar o tempo dos leitores com matérias sucintas era a contribuição mais valiosa que um editor poderia fazer. "Mostre-me um sujeito que acredita ser objetivo e lhe mostrarei um sujeito autoiludido", afirmou Luce.[5]

Isso se aplica com algumas variações a muitas áreas, sobretudo à indústria de serviços, em que pagamos pela opinião de especialistas. Às vezes há uma diferença entre saber o que é certo e ganhar a vida fazendo o que sabemos que é certo.

Isso costuma ser mais comum nos investimentos, no direito e na medicina, quando "não fazer nada" é a melhor resposta mas "fazer alguma coisa" é o incentivo da carreira.[6]

De vez em quando ele é amoral, mas pode ser uma forma inocente de "limpar sua barra". Na maior parte dos casos, porém, acho que os consultores simplesmente se sentem inúteis por dizer ao cliente: "Neste caso, não é preciso fazer nada". E, no afã de serem prestativos, acrescentam complexidade mesmo quando não é necessário, ou a situações em que isso pode levar o tiro a sair pela culatra.

Há alguns anos Jon Stewart entrevistou Jim Cramer, o investidor e apresentador da CNBC. Ao explicar por que o conteúdo da rede ia de contraditório a fútil, Cramer disse: "Olha, a gente tem dezessete horas diárias de TV ao vivo pra fazer". Stewart comentou: "Vocês podiam reduzir um pouco".[7] Sem dúvida. Mas quem trabalha com TV sabe que não é assim.

Um médico me disse que a coisa mais importante que deixam de ensinar nas faculdades é a diferença entre teoria e prática — a medicina é uma ciência biológica, enquanto clinicar é com frequência uma habilidade social que envolve lidar com expectativas, compreender o sistema do plano de saúde, comunicar-se efetivamente e assim por diante.

Três coisas merecem destaque aqui.

Quando pessoas boas e honestas podem ser incentivadas a se comportar de modo insensato, é fácil subestimar as chances de que o mundo saia dos trilhos.

De guerras a recessões, fraudes, negócios malogrados, bolhas de mercado, tudo acontece com mais frequência do que as imaginamos porque com os incentivos certos os limites morais do que estamos dispostos a fazer podem ser distendidos.

Isso funciona nos dois sentidos. Também é fácil subestimar quanta coisa boa as pessoas podem fazer, como podem se mostrar talentosas e o que conseguem realizar quando atuam em um mundo no qual seus incentivos estão alinhados ao progresso.

Os extremos são a norma.

Coisas insustentáveis por vezes duram mais do que esperamos.

Os incentivos podem fazer com que tendências absurdas, insustentáveis, prossigam por mais tempo do que parece razoável, porque há motivações sociais e financeiras que nos impedem de aceitar a realidade enquanto isso for possível.

Uma boa pergunta a se fazer é: quais dos meus atuais pontos de vista mudariam se meus incentivos fossem diferentes?

Se a sua resposta for "nenhum", provavelmente você está não só persuadido por seus incentivos, como também ofuscado por eles.

E, por falar em persuasão, passemos a uma questão correlata: nada pode ser mais persuasivo do que aquilo que sentimos na própria pele.

Agora você entendeu

Nada é mais persuasivo do que as coisas
que vivenciamos em primeira mão.

Podemos ter leitura, estudo e empatia. Mas em geral não temos a menor ideia do que estamos dispostos a fazer, do que queremos e de até onde estamos dispostos a ir enquanto não passamos pessoalmente por uma experiência.

Como disse Harry Truman:

> Uma geração nunca aprende nada com a anterior enquanto as lições não são marteladas em sua cabeça. [...] Sempre me pergunto por que as pessoas de uma geração são incapazes de tirar proveito da geração precedente, mas elas nunca fazem isso até a experiência lhes dar um empurrão.

Um tema importante ao longo da história é que as preferências são voláteis e as pessoas não fazem ideia de como reagirão a uma mudança extrema de circunstâncias até a vivenciarem por si mesmas.

Um dos aspectos mais fascinantes da Grande Depressão não é apenas o colapso da economia, mas a rapidez e a dramaticidade com que as opiniões mudaram como resultado dela.

Os americanos elegeram Herbert Hoover presidente em 1928 numa das vitórias mais esmagadoras da história (444 votos do colégio eleitoral). Nas eleições seguintes, em 1932, ele sofreu uma derrota igualmente fragorosa (teve apenas 59 votos do colégio eleitoral).

Então, grandes mudanças tiveram início.

O padrão-ouro foi suspenso. Na verdade, a posse de ouro foi proibida.

Obras públicas surgiram por toda parte.

A ideia da aposentadoria por idade financiada com dinheiro do contribuinte não teve nenhum progresso por décadas, e prisões foram efetuadas no gramado do Capitólio durante a manifestação mais séria ocorrida após a Primeira Guerra Mundial. A Grande Depressão mudou tudo isso praticamente da noite para o dia, e uma ideia antes marginal de repente ganhou aceitação. A Lei de Seguridade Social foi aprovada em 1935 por 372 a 33 votos na Câmara dos Representantes e por 77 a 6 no Senado.

Enquanto isso, houve um suposto golpe de empresários ricos para derrubar Franklin D. Roosevelt e instalar na presidência uma ditadura liderada por um general dos fuzileiros chamado Smedley Butler,[1] na mesma linha fascista que varria a Europa nessa época.[2]

Coisas desse tipo não acontecem se as pessoas estão de barriga cheia e têm empregos estáveis. Somente quando a vida fica de ponta-cabeça, nossas esperanças caem por terra e nossos sonhos se transformam em incertezas é que todo mundo diz: "Como era mesmo aquela ideia absurda que a gente escutou? Quem sabe não deveríamos dar uma chance a ela. Nada mais parece funcionar, então por que não tentar?".

O comediante Trevor Noah, falando sobre o apartheid em seu país natal, a África do Sul, observou: "Encontrando o equilíbrio certo entre o desespero e o medo, você pode levar as pessoas a fazerem qualquer coisa".[3]

É muito difícil compreender isso, e entender como reagiremos ao risco, ao medo e ao desespero, enquanto não estivermos no calor do momento.

Em nenhum lugar isso se mostrou mais verdadeiro do que na Alemanha da década de 1930, quando a depressão foi precedida por uma hiperinflação que corroeu o valor da moeda.

O livro *What We Knew*, de Eric A. Johnson e Karl-Heinz Reuband, traz entrevistas com cidadãos alemães após a Segunda Guerra Mundial, procurando compreender como uma cultura tão avançada e civilizada pôde mudar de forma tão drástica e cometer as piores atrocidades da história humana:

> [*Entrevistador*] *No início desta entrevista o senhor afirmou que a maioria dos adultos alemães recebeu bem as medidas de Hitler.*
> [Civil alemão] Sim, claramente. Precisamos nos lembrar de que em 1923 havia a inflação. [...] [A moeda] havia inflacionado um trilhão de vezes. [...] Então Adolf Hitler subiu ao poder com suas novas ideias. Na maior parte, mudou de fato para melhor. Pessoas que haviam permanecido desempregadas durante anos encontraram trabalho. E daí as pessoas ficaram a favor do sistema.
> Se uma pessoa ajuda você a sair de uma situação de emergência e a ter uma vida melhor, ela vai contar com seu apoio. Você acha que as pessoas diriam "Isso tudo é uma bobagem, sou contra"? Não. Isso não acontece.[4]

Ou vejamos o caso do poeta Varlam Shalamov, que passou quinze anos prisioneiro em um gulag.[5] Ele escreveu sobre a rapidez com que pessoas comuns podem sucumbir ao estresse e à incerteza. Pegue alguém bom, honesto e amoroso, despoje-o de suas necessidades básicas e em pouco tempo você terá um monstro irreconhecível que fará qualquer coisa para sobreviver. Sob grande pressão, "um homem se transforma em fera em três semanas", observou Shalamov.

O historiador Stephen Ambrose relatou como os soldados na Segunda Guerra Mundial terminavam o treinamento básico com o peito estufado de coragem e confiança, ansiosos por chegar à frente de batalha. Ao primeiro tiro vindo em sua direção, tudo mudava.

"De forma alguma o treinamento podia preparar um homem para o combate", escreveu Ambrose.[6] O sujeito aprendia a disparar uma arma e a seguir ordens. Mas "não havia como aprender a ficar deitado no chão, impotente, sob uma chuva de estilhaços em um campo varrido pelo fogo de metralhadoras". A única forma de compreender isso era passando pela experiência.

Citei alguns dos exemplos mais extremos que existem. Mas o fato de que pessoas sob estresse abraçam rapidamente ideias e objetivos que de outro modo rejeitariam deixou suas marcas por toda a história.

Vejamos a carga tributária de 94% nos Estados Unidos após a Segunda Guerra Mundial. Impostos mais baixos haviam sido a plataforma econômica mais popular dos anos 1920, e se alguém sugerisse aumentá-los seria rejeitado. Então tudo foi de mal a pior com o flagelo duplo da depressão e da guerra. Em 1943, Franklin D. Roosevelt impôs um teto de 400 mil dólares anuais aos rendimentos — o que ultrapassasse esse valor era taxado em 94%. No ano seguinte, ele venceu a eleição com boa margem.

O mesmo se deu na reviravolta para os anos Reagan. Em 1964, quase 80% dos americanos depositavam grande confiança no governo.[7] Então veio a década de 1970, e anos de inflação elevada e alto nível de desemprego predispuseram os americanos a dar ouvidos a um político que afirmava que o governo era a causa de seus males, não a solução.

A grande lição aqui é que na verdade não fazemos ideia de quais políticas defenderemos daqui a, digamos, cinco ou dez anos. Dificuldades inesperadas levam as pessoas a fazer e achar coisas que jamais teriam imaginado quando reinava a calmaria.

Nossas opiniões pessoais caem na mesma armadilha. Em investimento, dizer que "serei ousado quando os outros estiverem com medo" é fácil de afirmar mas difícil de fazer, pois subestimamos como nossos pontos de vista e objetivos podem mudar quando os mercados quebram.

O motivo para adotarmos ideias e objetivos que considerávamos inimagináveis em períodos de retração econômica é que em tais períodos não são apenas os preços dos ativos que mudam.

Se eu tentasse imaginar hoje como reagiria a uma queda de 30% no preço das ações, visualizaria uma realidade em que tudo é como atualmente *exceto* as avaliações das ações, que ficariam 30% mais baratas.

Mas não é assim que o mundo funciona.

Retrações econômicas não acontecem de maneira isolada. Ações caem 30% porque grandes grupos de pessoas, empresas e políticos meteram os pés pelas mãos, e suas asneiras podem minar minha confiança em nossa capacidade de recuperação. Assim, minhas prioridades de investimento talvez passem do crescimento à preservação. É difícil contextualizar essa mudança de mentalidade quando a economia prospera. E ainda que Warren Buffett diga para sermos ousados quando os outros estiverem com medo, é muito mais comum as pessoas concordarem com suas palavras do que tomarem uma atitude efetiva.

A mesma ideia vigora para empresas, carreiras e relacionamentos. Em tempos difíceis, agimos e pensamos de maneiras que jamais imaginaríamos quando as coisas estão calmas.

Chris Rock tem uma piada sobre quem de fato ensina as crianças na escola: "Os professores ensinam metade, a outra metade vem dos valentões. E aprender a lidar com os valentões é metade do que você vai usar de verdade quando crescer".[8] Trata-se de uma experiência real com o risco e a incerteza, algo que só conseguimos compreender quando experimentamos em primeira mão.

Tenha em mente que isso funciona nos dois sentidos. As pessoas muitas vezes não fazem ideia de como reagirão a um grande golpe de sorte ou a algo que cai em seu colo a menos que vivenciem a experiência.

Ir à Lua foi a coisa mais sensacional que os humanos já fizeram. Seria de imaginar que se trata de uma experiência arrebatadora. Mas, quando a cápsula sobrevoava o solo lunar, Michael Collins virou-se para Neil Armstrong e Buzz Aldrin e disse: "É incrível como a gente se adapta rápido. Não parece nem um pouco estranho para mim olhar lá fora e ver a Lua passando".[9]

Três meses mais tarde, depois de caminhar na Lua durante a missão da Apollo 12, Al Bean comentou com o astronauta Pete Conrad: "Lembra um pouco aquela canção, 'Is That All There Is?'. É só isso?". Conrad ficou aliviado, porque no íntimo se sentia da mesma forma, descrevendo sua caminhada como algo espetacular, mas não monumental.

As expectativas também se modificam, e os parâmetros mudam mais rápido do que imaginamos. Collins afirmou certa vez a respeito de Aldrin: "Acho que ele se ressente de não ser o primeiro na Lua mais do que aprecia ser o segundo".

Creio que nunca conheci nem soube de alguém de enorme sucesso que desfrutasse de toda a felicidade que alguém de fora esperaria. Isso não significa que o sucesso não possa resultar em altivez, contentamento ou independência. Mas raramente é o que você pensou que seria antes de atingi-lo.

"Acho que todo mundo deveria ficar rico e famoso e fazer tudo o que sempre sonhou, pois só assim veria que essa não é a resposta para os problemas", disse Jim Carrey.

Em parte, isso acontece pelo mesmo motivo que torna difícil prever nossa reação a um risco: não temos como imaginar o contexto todo enquanto não o vivenciamos em primeira mão.

Podemos nos imaginar morando numa mansão e desfrutando de uma vida esplendorosa em que tudo é perfeito. Mas esquecemos facilmente que ricos também pegam gripe, têm psoríase, envolvem-se em imbróglios litigiosos, metem-se em brigas de casal, são cheios de inseguranças e se aborrecem com os políticos — coisas que sempre podem superar qualquer alegria advinda do sucesso material. Futuras fortunas são imaginadas em um vácuo, mas a realidade é sempre vivida com as coisas boas e más acontecendo juntas, competindo por atenção.

Você até pode achar que sabe como se sentiria. Então vive a experiência na pele e se dá conta de que é mais complicado do que imaginava.

Só agora você entendeu.

A seguir, falemos sobre o longo prazo.

Horizontes de tempo

Dizer "Penso nisso a longo prazo" é mais ou menos como parar na base do monte Everest, apontar para o cume e afirmar: "É para lá que eu vou". Legal. Agora vem o teste.

> *Nada vai nos separar. Provavelmente*
> *continuaremos casados por mais dez anos.*
> Elizabeth Taylor, cinco dias antes de entrar
> com o pedido de divórcio

Pensar a longo prazo é mais uma dessas coisas em que acreditamos, mas que dificilmente conseguimos pôr em prática.

O longo prazo é mais difícil do que a maioria imagina, por isso é mais lucrativo do que muitos presumem.

Tudo o que vale a pena tem um custo, e esse custo nem sempre é óbvio. O verdadeiro preço do longo prazo — as habilidades exigidas, a mentalidade necessária — é fácil de minimizar e com frequência resumido em frases do tipo "Seja mais paciente", como se isso explicasse por que tanta gente não consegue sê-lo.

Para que o longo prazo não fique só na teoria, precisamos compreender alguns pontos.

O longo prazo é apenas uma coleção de curtos prazos com que temos de lidar.

Afirmar que temos um horizonte de tempo não nos isenta de todos os absurdos que acontecem nos dez anos seguintes. Todo mundo tem que passar por recessões, mercados em baixa, colapsos econômicos, surpresas e memes.

Assim, em vez de presumir que alguém que pensa a longo prazo não precisa lidar com absurdos de curto prazo, pergunte-se: "Como posso sobreviver a um incessante desfile de asneiras?".

O pensamento de longo prazo às vezes é uma muleta emocional ilusória que as pessoas presumem que as ajudará a contornar o doloroso e imprevisível curto prazo. Mas nunca ajuda. Pode acontecer o contrário: quanto maior seu horizonte de tempo, mais calamidades e desastres entrarão em seu caminho. Como disse o jogador de beisebol Dan Quisenberry, "o futuro é parecido com o presente, só que mais longo".

Lidar com essa realidade exige um certo tipo de alinhamento que facilmente deixamos de perceber.

A crença no longo prazo não é suficiente. Parceiros, colegas de trabalho, cônjuges e amigos precisam embarcar na sua visão.

Um gestor de um fundo de investimento que perde 40% pode dizer a seus investidores: "Tudo bem, a gente está nessa pelo longo prazo", e acreditar no que diz. Mas os investidores talvez não. Eles podem abandonar o barco. E a firma pode naufragar. E depois, mesmo que no fim se revele que o gestor estava com a razão, não faz mais diferença: não há ninguém por perto para desfrutar disso.

A mesma coisa acontece com um casal quando um dos lados corajosamente persevera e o outro não.

Ou quando você tem uma grande ideia que levará tempo para ser comprovada, mas seu chefe e seus colegas de trabalho não parecem ter tanta paciência.

Esses não são cenários inusitados. São alguns dos cenários mais comuns na vida, e em grande parte derivam do abismo entre nossas convicções e nossa capacidade de convencer os outros.

As pessoas caçoam de quanto pensamento de curto prazo existe na indústria financeira, e com razão. Mas, ao mesmo tempo, acho esse tipo de pensamento bastante compreensível: o motivo para tantos profissionais das finanças privilegiarem o curto prazo é porque essa é a única maneira de conduzir um negócio viável quando os clientes fogem ao primeiro sinal de problema. Mas o motivo para os clientes reagirem frequentemente desse jeito é o fato de os gestores fazerem um péssimo trabalho em explicar como os investimentos funcionam, qual é a estratégia que estão adotando, o que as pessoas enquanto investidores devem esperar e como lidar com o inevitável caráter volátil e cíclico dos negócios.

Uma coisa é provar que você estava certo no final. Mas podemos estar com a razão e convencer os demais? Isso é completamente diferente, e fácil de subestimar.

Paciência é muitas vezes teimosia disfarçada.

As coisas mudam, de forma que mudar de ideia é não apenas útil, como também fundamental.

Mas mudar de ideia não é simples: autoiludir-se para acreditar em algo falso é muito mais fácil do que admitir um erro.

O pensamento de longo prazo pode servir como muleta para alguém que está errado e se recusa a mudar de ideia. O sujeito diz "Ainda é cedo" ou "Os outros são loucos" quando não consegue abrir mão de algo que costumava ser verdade, mas que o mundo já deixou para trás.

Para pensar direito a longo prazo, é preciso saber diferenciar quando estamos sendo pacientes de quando estamos sendo apenas teimosos. Não é fácil. A única solução é ter ciência das raras coisas em sua área que nunca vão mudar e separar tudo o mais num compartimento em constante necessidade de atualização e adaptação. As (pouquíssimas) coisas que nunca mudam são as candidatas ao pensamento de longo prazo. Tudo o mais vem com data de validade.

O longo prazo tem menos a ver com horizontes de tempo do que com flexibilidade.

Imagine que estamos em 2010 e você diz: "Meu horizonte de tempo é de dez anos" — sua data planejada é 2020. E então o mundo desmorona. Se você fosse um negócio ou um investidor, seria um terrível momento para presumir que a vida estava pronta a lhe dar sua tão pacientemente aguardada recompensa.

Um horizonte de tempo longo com um prazo final rigidamente definido pode ser tão dependente do acaso quanto um horizonte de tempo curto.

A flexibilidade é muito superior.

O tempo é a magia da composição, e sua importância não pode ser minimizada. Mas nossas chances de sucesso são bem mais favoráveis quando combinamos um horizonte de tempo longo a um prazo final flexível — ou a um horizonte de tempo indeterminado.

"O objetivo da margem de segurança é tornar a previsão desnecessária", afirmou Benjamin Graham. Quanto maior nossa flexibilidade, menor nossa necessidade de saber o que acontecerá a seguir.

E não nos esqueçamos das palavras de John Maynard Keynes: "A longo prazo, estaremos todos mortos".

———

Mais um detalhe sobre o pensamento de longo prazo é como ele influencia a informação que consumimos.

Sempre que leio algo, pergunto-me: será que daqui a um ano (ou dez, ou oitenta) vou me importar com isso?

Se a resposta na maior parte das vezes for não, sem problema. Mas talvez seja de maior proveito ir atrás de informações com um caráter mais duradouro.

Há dois tipos de informação: as permanentes e as com data de validade.

A informação permanente diz: "Como as pessoas se comportam quando se deparam com um risco que não imaginaram?". A informação com data de validade diz: "De quanto foi o lucro da Microsoft no segundo trimestre de 2005?".

O conhecimento com data de validade recebe mais atenção do que deveria por dois motivos.

Um: ele existe à farta, tentando ansiosamente manter ocupado nosso breve limiar de atenção.

Dois: estamos sempre à sua procura, tentando ansiosamente extrair percepções dele antes que perca a relevância.

É mais difícil notarmos a informação permanente porque ela está enterrada nos livros, em vez de exposta nas manchetes. Mas seus benefícios são imensos. Não só porque a informação permanente nunca perde a validade, permitindo que a acumulemos; mas também porque ela compõe no decorrer do tempo, alavancando o que já aprendemos. A informação com data de validade nos dirá o que aconteceu; a informação permanente nos diz por que tal coisa aconteceu e a probabilidade de que volte a acontecer. Esse "porquê" às vezes é transferível para coisas que sabemos sobre outros assuntos e interage com eles, e é aí que entra a composição.

Leio jornais e livros diariamente. Não consigo lembrar de coisa nenhuma que tenha lido nos jornais em, digamos, 2011. Mas posso lhe contar em detalhes alguns dos ótimos livros que li em 2011 e sobre como mudaram minha forma de pensar. Eles ficarão na minha memória para sempre. Continuarei a ler os jornais. Mas a leitura de livros provavelmente me ajudará a desenvolver filtros e estruturas para interpretar melhor as notícias.

A questão, portanto, não é que deveríamos ler menos notícias e mais livros, e sim que ler bons livros nos ajuda a perceber quais são as notícias realmente dignas de nossa atenção.

A seguir: quando se esforçar demais é contraproducente.

Forçando a barra

Ninguém ganha pontos por dificuldade.

Falemos sobre uma peculiaridade do comportamento humano: o fascínio pela complexidade, pelo estímulo intelectual e por desconsiderar coisas simples mas muito eficazes em prol de coisas complexas mas menos efetivas.

———

Em 2013, Harold Varmus, na época diretor do Instituto Americano do Câncer, discursou sobre como a guerra contra a doença se tornara difícil. Sua erradicação — meta da Lei Nacional do Câncer quando foi assinada, em 1971 — parecia perpetuamente distante. Varmus afirmou:

> Há um paradoxo hoje que devemos confrontar com honestidade. Apesar do extraordinário progresso que fizemos no que se refere à compreensão das falhas subjacentes nas células cancerígenas, não tivemos êxito em controlar o câncer enquanto doença humana até o ponto em que acredito ser possível controlar.[1]

Um dos problemas, afirmou ele, é que focamos muito mais no tratamento do que na prevenção. Se quisermos dar um grande salto na luta contra a doença, a prevenção deve ocupar a linha de frente.

Mas a prevenção do câncer é sem graça, sobretudo se comparada à ciência e ao prestígio dos tratamentos. Assim, ainda que saibamos de sua enorme importância, dificilmente a levamos a sério.

Robert Weinberg, um pesquisador do MIT, expressou-se da seguinte forma: para morrer de câncer é preciso primeiro ter câncer.[2] Mas essa é uma verdade fácil de negligenciar, por não ser intelectualmente estimulante: "Convencer alguém a parar de fumar é um exercício psicológico. Não tem nada a ver com moléculas, genes e células. E assim pessoas como eu mostram essencialmente zero interesse nisso". E isso a despeito do fato, continua Weinberg, de que levar as pessoas a pararem de fumar pode exercer um impacto na guerra contra o câncer muito maior do que qualquer coisa que ele, como biólogo, possa realizar no decorrer de sua vida.

Espantoso, não?

Eis um dos principais pesquisadores de câncer no mundo dizendo que poderia causar maior impacto na sua área dedicando-se a fazer as pessoas pararem de fumar — mas que isso não é *intelectualmente estimulante* para ele. Nem para muitos cientistas, aliás.

Bem, eu não o culpo — e Weinberg agregou enorme valor à guerra contra o câncer.

Mas o que temos aqui é um exemplo de complexidade sendo favorecida pela excitação que proporciona, quando a simplicidade poderia na verdade trazer melhores resultados.

E essa, eu afirmo, é uma grande lição que se aplica a muitas coisas.

O cientista da computação Edsger Dijkstra escreveu:

> A simplicidade é a marca registrada da verdade — não deveríamos mais cair nessa, mas a complexidade continua a exercer uma atração mórbida. Quando apresentamos uma palestra cristalinamente clara do começo ao fim a um público acadêmico, ele se sente tapeado. [...] A dolorosa verdade é que a complexidade vende melhor.[3]

A dolorosa verdade é que a complexidade vende melhor.
Claro que sim. Vemos isso por toda parte.

Para pegar um exemplo simples: a Constituição americana tem 7591 palavras. Compare com um contrato padrão de hipoteca, que tem mais de 15 mil, ou os termos do acordo de serviço do iCloud, da Apple, composto por 7314 palavras. O código tributário americano tem mais de 11 milhões de palavras.

Às vezes a prolixidade é necessária. Quando os Aliados se reuniram para discutir o que fazer com a Alemanha após a Segunda Guerra Mundial, Winston Churchill comentou: "Estamos lidando com o destino de 80 milhões de pessoas, e isso exige mais do que oitenta minutos de consideração".

Mas, na maioria das situações, um punhado de variáveis simples determina a maior parte dos resultados. Se você se detém sobre as poucas coisas que importam, deu conta do recado. Muito do que é acrescentado depois não passa de encheção de linguiça, que seduz intelectualmente, desperdiça nosso tempo e se destina a nos confundir ou impressionar.

A natureza sabe disso.

Samuel Williston, um paleontólogo do século XIX, foi o primeiro a notar uma tendência evolucionária de diminuição do número de partes do corpo. Animais primitivos com frequência apresentavam muitas partes duplicadas; depois a evolução reduziu seu número, ao mesmo tempo ampliando sua utilidade. "O curso da evolução se deu no sentido de diminuir o número de partes e adaptar as remanescentes de modo mais próximo a seu uso específico, seja por um aumento de tamanho, seja pela modificação de sua forma e estrutura", ele escreveu em 1914.[4]

Animais com centenas de dentes muitas vezes evoluíram para ter um punhado de incisivos, caninos e molares especializados. Dezenas de ossículos na mandíbula se fundiram em um grande par.[5] Crânios frequentemente compostos por centenas de ossos minúsculos evoluíram em geral para menos de trinta.

A evolução descobriu sua versão da simplificação. Se a Mãe Natureza falasse, talvez dissesse: "Tire toda essa porcaria inútil do caminho. Dê-me apenas as poucas coisas de que preciso e eu as tornarei efetivas".

Um truque para aprender algum assunto complicado é perceber quantos detalhes complexos têm relação com algo simples. Em seu livro *Succeeding*, John Reed escreveu:

> Quando começamos a estudar uma área, parece que precisamos memorizar um zilhão de coisas. Nada disso. O que temos de fazer é identificar os princípios essenciais — em geral entre três e uma dúzia — que a governam. Os milhões de coisas que você achou que precisava memorizar são simplesmente combinações variadas dos princípios essenciais.[6]

Isso é tão vital. Em finanças, 90% do que você precisa saber fazer direito é gastar menos do que ganha, economizando a diferença, e ser paciente. Mas, na faculdade, o que aprendemos? A precificar derivativos e calcular o valor presente líquido (VPL). No caso da saúde, o importante é dormir oito horas por noite, exercitar-se bem e comer coisas saudáveis, mas não em excesso. O que é mais popular, porém? Suplementos, dicas mágicas e comprimidos.

Mark Twain dizia que a informação mais interessante vem das crianças, "porque elas falam tudo que sabem e então param". Adultos tendem a perder essa habilidade. Ou aprendem uma nova: a de se deslumbrar com besteiras. Stephen King explica em seu livro *Sobre a escrita*: "Este livro é curto porque a maioria das obras sobre a escrita está cheia de baboseiras. [...] Imaginei que, quanto mais curto o livro, menos baboseira teria".[7]

Poesia pura.

———

Assim, eis a questão: por que a complexidade e a prolixidade são tão atraentes, quando a simplicidade e a brevidade dão conta do recado?

Alguns motivos:

A complexidade passa uma impressão reconfortante de controle, enquanto a simplicidade pode ser difícil de ser distinguida da falta de ideias.

Na maioria das áreas, um punhado de variáveis dita a maior parte dos resultados. Mas prestar atenção apenas a essas poucas variáveis pode dar a impressão de que estamos deixando o resultado demasiadamente ao acaso. Quanto mais coisas pudermos acomodar — uma planilha com cem abas ou uma análise de *big data* —, mais controle sentimos ter da situação, ainda que apenas porque nossa sensação de conhecimento aumenta.

O contrário disso é que prestar atenção a apenas algumas variáveis e descartar a maior parte das demais pode transmitir a impressão de ignorância. Se um cliente diz "E quanto a isto, o que acontece aqui?" e respondemos "Ah, não faço a menor ideia, nem olhei", há muito mais chances de parecermos desinformados que de soarmos como alguém com perfeito domínio da simplicidade.

As coisas que não compreendemos emprestam uma aura mística às pessoas que as compreendem.

Se alguém diz algo que eu não sabia, mas consigo compreender, eu talvez considere essa pessoa inteligente. Por outro lado, se ela diz algo que não compreendo, eu talvez imagine que tem a capacidade de pensar sobre um assunto de maneiras que são impossíveis para mim. As duas formas de admiração são completamente diferentes. Quando o outro compreende coisas que não compreendo, tenho dificuldade para julgar os limites de seu conhecimento, e fico mais propenso a aceitar suas opiniões como inquestionáveis.

O tamanho muitas vezes é a única coisa capaz de indicar esforço e reflexão.

Um livro de não ficção cobrindo um único assunto geralmente tem cerca de 250 páginas, algo como 65 mil palavras.

O engraçado é que o leitor médio nem chega perto de terminar a maioria dos livros que compra. Mesmo no caso de best-sellers, a leitura costuma ser abandonada após algumas dezenas de páginas.[8] O tamanho, assim, tem de servir a outro propósito além de proporcionar mais conteúdo.

Minha teoria é que o tamanho mostra que o autor passou mais tempo do que nós pensando sobre determinado assunto, talvez o único indicador de que percebeu coisas que não percebemos. Se o que ele pensou está incorreto, não importa. É possível entender seu argumento central após dois capítulos. Mas o propósito dos capítulos 3 a 16, digamos, normalmente é mostrar que o autor pesquisou tanto que os capítulos 1 e 2 devem conter algumas sacadas. O mesmo vale para relatórios técnicos e de pesquisa.

A simplicidade é como um passeio relaxado. Já a complexidade parece uma maratona mental.

Se as repetições quando estamos nos exercitando não nos fazem sentir dor, isso não é malhar de verdade. A dor é um sinal de que estamos pagando o inevitável preço do progresso. Comunicar-se de forma breve e simples é diferente. Richard Feynman e Stephen Hawking podiam ensinar física com linguagem simples, sem dar um nó na cabeça do leitor, não porque simplificassem demais os temas, mas porque sabiam como ir de A a Z na menor quantidade de passos possível. Uma regra prática efetiva não se furta à complexidade, e sim embrulha coisas que não compreendemos numa embalagem acessível. Um arremessador de beisebol que pelo olhar sabe onde vai mandar a bola é como o físico calculando a trajetória da bola com precisão.

O problema com a simplicidade é que as repetições não exigem tanto esforço, de modo que não temos a sensação de estar exercitando a mente. Ela pode gerar uma preferência pelo aprendizado trabalhoso que os alunos aceitam porque é como um supino cognitivo, com todos os seus supostos benefícios.

Thomas McCrae era um jovem aluno de medicina do século XIX, ainda inseguro acerca de suas habilidades. Um dia, diagnosticou um paciente com um problema gástrico insignificante. O professor de McCrae escutava o diagnóstico e o interrompeu com o pior pesadelo de todo estudante: tratava-se na verdade de uma grave e rara enfermidade. McCrae nunca ouvira falar dela.[9]

Seria necessário realizar uma cirurgia de emergência. Após abrir a barriga do paciente, o professor se deu conta de que o diagnóstico inicial do aluno estava correto. Não havia problema com o homem.

McCrae escreveu posteriormente que, na verdade, considerou-se afortunado por nunca ter ouvido falar na tal doença.

Foi o que lhe permitiu se decidir pelo diagnóstico mais provável, em vez de se preocupar com algo mais complexo como o erudito professor. Em suas palavras: "A moral da história não é que a ignorância pode ser vantajosa. Mas alguns de nós são por demais atraídos por pensar em raridades e se esquecem da lei das médias no diagnóstico".

A ideia contraintuitiva pode nos deixar com a pulga atrás da orelha. É difícil dizer quando é realmente o caso. Talvez a cautela do professor fosse justificada.

Mas existe uma verdade que se aplica a quase toda área: ninguém ganha pontos por dificuldade. É possível se esforçar demais, deixar-se atrair demais pela complexidade e, ao fazer isso, falhar espetacularmente.

Agora chegamos ao último capítulo, um dos meus favoritos.

As feridas fecham,
mas as cicatrizes permanecem

*Por quais experiências você passou e eu não que
o levam a acreditar no que acredita? E será que
eu pensaria sobre o mundo da mesma forma se
tivesse passado pelas mesmas coisas que você?*

Vá até o Pentágono, em Washington, D.C., e você não verá nenhum sinal do avião que colidiu contra o edifício em 11 de setembro de 2001.

Mas siga três minutos pela mesma rua, até o Aeroporto Nacional Reagan, e as cicatrizes do atentado estarão por toda parte. Tire os sapatos, tire a jaqueta, tire o cinto, tire a pasta de dente, mãos para cima, esvazie a garrafa d'água ao passar pela segurança.

Eis um tema comum em nosso modo de pensar: as feridas fecham, mas as cicatrizes permanecem.

Quantas vezes não vimos a história de pessoas se adaptando e reconstruindo suas vidas enquanto as cicatrizes de sua provação perduram, mudando para sempre a forma como pensam sobre risco, recompensa, oportunidades e objetivos?

Um aspecto importante do comportamento humano é que pessoas com experiências diferentes pensam de forma diferente. Seus objetivos, visão de mundo, desejos e valores são outros. Assim, os debates, em sua maioria, não são de fato discordâncias, apenas indivíduos com diferentes perspectivas conversando entre si.

Deixe-me falar sobre alguns momentos na história em que o peso da experiência levou a profundas mudanças nas visões de vida.

———

Mais de 30 milhões de pessoas — quase a população da Califórnia — morreram ao longo de quatro anos no front ocidental durante a Segunda Guerra. As dezenas de territórios que compunham a União Soviética representavam cerca de 10% da população mundial em 1940. Por volta de 1945, quase 14% dessas pessoas estavam mortas. *Setenta mil* vilarejos ficaram completamente destruídos.[1]

Segundo alguns relatos, ossos, balas e bombas atualmente ainda podem ser encontrados na região, mas a maior parte dos danos físicos da guerra foi removida até 1960. As indústrias foram reconstruídas. As pessoas se reorganizaram. A população total ultrapassou seu nível anterior à guerra menos de uma década após o fim do conflito.

A tendência foi mais notável no Japão, cuja economia se abriu para os mercados globais no pós-guerra. Em 1946, o país produzia alimento suficiente para proporcionar apenas 1500 calorias diárias a seu povo.[2] Em 1960, a economia japonesa estava entre as de crescimento mais acelerado do mundo. Seu PIB aumentou de 91 bilhões de dólares em 1965 para 1,1 trilhão de dólares em 1980, com a tecnologia e a manufatura japonesas rivalizando e ultrapassando as de qualquer outra região do mundo.

O mesmo pode ser dito das recessões — as coisas são sanadas. E dos mercados — as coisas se recuperam. E dos negócios — antigos erros são esquecidos.

Mas as cicatrizes permanecem.

Um estudo realizado com 20 mil indivíduos de treze países que passaram pela Segunda Guerra Mundial revelou que eles apresentavam probabilidade 3% maior de desenvolver diabetes na vida adulta e 6% maior de sofrer de depressão, bem como menor tendência a se casar e maior insatisfação geral.[3]

Em 1952, Frederick Lewis Allen escreveu sobre as pessoas que atravessaram a Grande Depressão:

> Elas eram consumidas por um temor constantemente à espreita de coisas ainda piores, e em muitos casos chegaram a passar fome. [...]
>
> [Tendiam a] dirigir um olhar cínico à fórmula de Horatio Alger para o sucesso; suspeitar da opção por assumir riscos em nome da ambição; olhar com bons olhos um emprego seguro, ainda que enfadonho, e planos de seguridade social e de aposentadoria. Elas haviam aprendido por amarga experiência a aspirar à segurança.[4]

Elas haviam aprendido por amarga experiência a aspirar à segurança. Isso, é bom recordar, foi escrito na década de 1950, quando a economia americana crescia vertiginosamente e a taxa de desemprego conhecia uma baixa recorde de 3%.

É muito fácil olhar para a história e dizer: "Puxa, se você tivesse aguentado firme e adotado uma visão de longo prazo, as coisas teriam entrado nos eixos e a vida teria seguido em frente" — sem perceber que mentalidades são mais difíceis de consertar que prédios e fluxos de caixa.

Podemos ver e medir praticamente tudo no mundo, a não ser os humores, medos, esperanças, ressentimentos, objetivos, gatilhos emocionais e expectativas das pessoas. É em parte por isso que a história se constitui numa cadeia contínua de eventos desconcertantes, e sempre será assim.

———

O psicólogo Ivan Pavlov treinava seus cães para salivar.

Fazia isso tocando uma sineta antes de alimentá-los. Os cães aprenderam a associar o som à refeição iminente, acionando uma resposta salivar.

Os cães de Pavlov ficaram famosos por revelar aos psicólogos como funcionava a ciência do comportamento condicionado.

Menos sabido é o que aconteceu aos pobres animais anos depois.

Em 1924, uma grande inundação devastou Leningrado, onde Pavlov mantinha seu laboratório e canil. A água chegou às gaiolas dos cachorros. Muitos morreram. Os sobreviventes foram forçados a nadar por cerca de meio quilômetro para ficar em segurança. Pavlov mais tarde afirmou que essa foi de longe a experiência mais traumática pela qual eles passaram.

Então, algo fascinante aconteceu: os cães aparentemente esqueceram o comportamento aprendido de salivar ao som da sineta.

Pavlov escreveu sobre um deles onze dias após o recuo das águas: "Após o uso [da sineta], todos os reflexos condicionados remanescentes desapareceram quase por completo, o animal voltou a recusar a comida, ficou muito inquieto e olhando continuamente para a porta".[5]

Sempre curioso, Pavlov passou meses estudando como a inundação mudara o comportamento dos cães. Muitos nunca mais foram os mesmos — exibiam personalidade completamente diferente após o desastre, e o comportamento previamente incutido desaparecera. Ele resumiu o que aconteceu e como aquilo se aplicava aos humanos:

> Diferentes condições geradoras de excitação extrema com frequência levam a uma profunda e prolongada perda de equilíbrio na atividade nervosa e psíquica [...], neuroses e psicoses podem se desenvolver como resultado do perigo extremo para a pessoa ou para amigos próximos, ou mesmo de algum evento assustador que não a afete diretamente.[6]

As pessoas costumam ter memória curta. Na maior parte do tempo podem se esquecer das experiências ruins e deixar de prestar atenção nas lições previamente aprendidas.

Mas o estresse intenso deixa uma cicatriz.

Passar por algo que nos leve a encarar a ruína de frente e questionar se conseguiremos sobreviver pode dar um reset em nossas expectativas e mudar comportamentos arraigados.

"A mente expandida por uma nova experiência pode nunca mais retroceder a suas antigas dimensões", afirmou Oliver Wendell Holmes.

É por isso que a geração que atravessou a Grande Depressão nunca mais lidou com o dinheiro da mesma forma. Essas pessoas economizaram mais, contraíram menos dívidas e foram mais cautelosas com o risco pelo resto da vida. Isso ficou óbvio até mesmo antes que a depressão chegasse ao fim. Frederick Lewis Allen cita um artigo da revista *Fortune*, escrito em 1936: "A atual geração universitária é fatalista [...], ela não arrisca o pescoço. Mantém o cinto apertado, o queixo erguido e a boca fechada. A considerar sua média como verdadeira, trata-se de uma geração cautelosa, contida e convencional".

A mesma coisa aconteceu após a Segunda Guerra.

Nos Estados Unidos, os anos do pós-guerra foram um período de prosperidade econômica. Na Europa, fisicamente destruída, a história foi diferente. Em 1947, Hamilton Fish Armstrong escreveu um artigo sobre a vida dos europeus para a revista *Foreign Affairs*:

Cada minuto é dedicado a procurar comida, roupas e combustível suficientes para atravessar as 24 horas seguintes. Há muito pouco de tudo [...], pouquíssimas casas onde morar e vidro insuficiente para pôr nas janelas; faltam couro para os sapatos, lã para os suéteres, gás para cozinhar, algodão para as fraldas, açúcar para a geleia, banha para fritar, leite para os bebês, sabão para lavar.[7]

Após o conflito, John Maynard Keynes previu que os países devastados pela guerra sofreriam de um "anseio por segurança social e pessoal".

E foi o que aconteceu.

O historiador Tony Judt observa que a situação era tão ruim na Europa nesse período que só o Estado podia oferecer esperança de salvação para a massa de refugiados.[8] E assim foi. Todos os benefícios, de seguro-desemprego generoso a um sistema de saúde universal, passaram a ser comuns após a guerra, de uma forma que nunca ocorreu nos Estados Unidos.

O historiador Michael Howard afirmou que a guerra e o Estado de bem-estar social andam de mãos dadas.[9] Talvez porque todo mundo — os mais bem preparados em termos financeiros, os mais avessos ao risco, os dotados de maior antevisão — pode ser igualmente esmagado pelo conflito. Os europeus não tiveram escolha quanto a seu envolvimento na Segunda Guerra Mundial — ela se tornou a questão mais urgente de suas vidas, fossem a favor ou contra, e reduziu a pó sua sensação de controle, estivessem ou não preparados.

Por isso os *baby boomers*, as pessoas nascidas após o fim da Segunda Guerra e que viveram as décadas de 1970 e 1980, pensam na inflação de uma maneira que seus filhos não conseguem conceber como jovens adultos.

E é por isso que podemos separar os empreendedores da tecnologia em duas categorias claramente distintas: os que passaram pela bolha das pontocom no fim da década de 1990 e os que eram jovens demais nessa época.

Duas coisas tendem a acontecer depois que somos atingidos por algo grande e inesperado:

- Presumimos que o que acabou de acontecer continuará acontecendo, mas com maior força e consequência.

- Fazemos previsões com grande convicção, embora o evento original seja improvável e algo que poucos previram (se é que alguém previu).

Quanto mais impactante a surpresa, mais verdadeiro isso é. E mais aqueles que não viveram esse grande evento terão dificuldade para compreender o ponto de vista do outro.

Não existe nada mais antigo do que dois lados que não concordam entre si.

Pode haver infinitas razões para isso: um dos lados pode ser egoísta, estúpido, cego, desinformado e por aí vai. Mas, em geral, a melhor pergunta a se fazer é por quais experiências a pessoa passou que a levaram a ter determinada mentalidade, e como seria a nossa visão de mundo se também tivéssemos passado por elas.

Em tais questionamentos encontramos a maioria dos motivos para as discordâncias. Mas é um exame de consciência difícil de fazer.

É desconfortável pensar que o que você não vivenciou poderia mudar aquilo em que você acredita, pois isso corresponde a admitir nossa ignorância. É bem mais fácil presumir que aqueles que discordam do que pensamos não fizeram uma reflexão tão profunda quanto nós.

De modo que as pessoas seguirão discordando, mesmo com a explosão de acesso à informação. Na verdade, as pessoas podem discordar mais do que nunca, porque, como afirma Benedict Evans, "quanto mais a internet nos expõe a novos pontos de vista, mais raiva temos de que existam opiniões diferentes".

A discórdia tem menos a ver com o que as pessoas sabem do que com as coisas que vivenciaram.

E, como as experiências sempre são diferentes, a discórdia é constante.

Como sempre foi.

Como sempre será.

O mesmo de sempre.

Questões

Na véspera da invasão do Dia D, Franklin D. Roosevelt perguntou à esposa, Eleanor, como ela se sentia por não saber o que viria a seguir.

"Você não acha meio ridículo uma pessoa beirando os sessenta anos se revoltar contra as incertezas?", respondeu ela.[1]

É verdade. Mas fazemos isso. Sempre foi assim, e sempre será.

A ideia de que o que está diante de nós é um buraco negro de incertezas pode ser tão intimidadora que é mais fácil acreditar no oposto — que podemos enxergar o futuro e que seu caminho é lógico e previsível. Não existe na história crença mais corriqueira e equivocada.

O jeito mais comum de tentar desvelar um futuro incerto é mirar mais longe e estreitar os olhos com mais força — para antever com mais precisão, mais dados, mais inteligência.

Fazer o oposto é muito mais efetivo: olhar para trás e ser abrangente. Em vez de tentar inferir de que pequenas formas o futuro pode mudar, estudar os grandes acontecimentos que o passado nunca evitou.

Uma década atrás, decidi ler mais história e menos previsões. Foi uma das mudanças mais iluminadoras da minha vida. E, ironicamente, quanto mais história eu lia, menos incomodado ficava com o futuro. Quando nosso foco são as coisas que nunca mudam, paramos de tentar prever eventos incertos e dedicamos mais tempo a compreender o comportamento atemporal. Espero que este livro tenha impelido você nessa direção.

Tento não dar conselhos para pessoas que não conheço, porque todo mundo é diferente e orientações universais são raras.

Assim, em vez de encerrar este livro com uma lista de conclusões, apresento uma lista de questões — todas elas relacionadas aos capítulos que acabamos de ver — para o leitor propor a si mesmo.

- Quem tem as respostas corretas, mas eu ignoro porque não é articulado?

- De quais das minhas atuais opiniões eu discordaria se tivesse nascido em um país ou geração diferente?

- O que desejo tão desesperadamente que seja verdade que considero como verdade mesmo claramente não sendo?

- Que problema acredito se aplicar apenas a outros países/ áreas/ carreiras e que acabará me afetando?

- O que acredito ser verdade mas na realidade não passa de bom marketing?

- Que coisas nunca vivenciei em primeira mão que me tornam ingênuo acerca do modo como algo funciona?

- O que parece ser insustentável mas é na verdade uma nova tendência que ainda não aceitamos?

- Que pessoas julgo inteligentes mas na verdade só falam bobagem?

- Estou preparado para lidar com um risco que não sou capaz sequer de imaginar?

- Quais dos meus atuais pontos de vista mudariam se meus incentivos fossem diferentes?

- O que ignoramos agora que parecerá chocantemente óbvio no futuro?

- Dos eventos que chegaram muito perto de acontecer, quais teriam mudado fundamentalmente o mundo tal como o conhecemos se houvessem ocorrido?

- Até que ponto fatores fora do meu controle contribuíram para coisas pelas quais recebo crédito?

- Como sei se estou sendo paciente (uma habilidade) ou teimoso (uma falha)?

- Que pessoa admiro mas no fundo é infeliz?

- Que aborrecimento estou tentando eliminar que é, na verdade, um custo inevitável do sucesso?

- Qual gênio maluco aspiro a imitar que na verdade não passa de um doido?

- De minhas crenças mais fortes, qual tem a maior probabilidade de mudar?

- O que sempre foi verdade?

- O que é o mesmo de sempre?

Agradecimentos

Escrever pode ser uma empreitada solitária. É só você, o teclado e um cérebro que flutua entre a criatividade excitante num momento e a dúvida no momento seguinte.

Mas, em alguns aspectos, a profissão é essencialmente social. Todo escritor pode refletir sobre quantas pessoas o inspiraram e reconhecer as dezenas ou centenas de outros escritores, pensadores, pesquisadores e mentes diversas que moldaram sua escrita.

Aqui estão algumas pessoas que foram particularmente inspiradoras para mim, tenham elas consciência disso ou não:

Carl Richards
John Reeves
Craig Shapiro
Dan Gardner
Bethany McLean
Kathleen Kimball
Matt Koppenheffer
Jason Zweig
Betty Cossitt

Noah Schwartzberg
Mollie Glick
Mark Pingle
Craig Pearce
Brian Richards
Jenna Abdou
Mike Ehrlich
Erik Larson
Bill Mann
Derek Thompson
Tom Gaynor
Chris Hill
Candice Millard
Robert Kurson
Jung-ju Kim
James Clear
Frank Housel, pai
Michael Batnick

E, é claro, minha esposa, Gretchen, e meus pais, Ben e Nancy —
que me proporcionam o apoio e a orientação sem os quais eu estaria
perdido.

Notas

1. Carl Jung, *Collected Works of C. G. Jung, vol. 7: Two Essays in Analytical Psychology*. Princeton, NJ: Princeton University Press, 1972.

2. Arthur Schopenhauer, *The Wisdom of Life, Being the First Part of Arthur Schopenhauer's Aphorismen Zur Lebensweisheit*. Londres: S. Sonnenschein & Co., 1897.

3. Tim Ferris, *Tools of Titans: The Tactics, Routines, and Habits of Billionaires, Icons, and World-Class Performers*. Boston: Houghton Mifflin Harcourt, 2017.

4. Niall Ferguson, *Civilization: The West and the Rest*. Nova York: Penguin Books, 2012.

INTRODUÇÃO [pp. 13-6]

1. Jeff Hayden, "20 Years Ago, Jeff Bezos Said This 1 Thing Separates People Who Achieve Lasting Success From Those Who Don't". *Inc.*, 6 nov. 2017. Disponível em: <www.inc.com/jeff-haden/20-years-ago-jeff-bezos-said-this-1-thing-separates-people-who-achieve-lasting-success-from-those-who-dont.html>.

2. Eric Jorgenson, *The Almanack of Naval Ravikant: A Guide to Wealth and Happiness*. Londres: Magrathea, 2020, p. 82.

POR UM FIO [pp. 17-27]

1. Tim Urban (@waitbutwhy), postagem no Twitter, 21 abr. 2021, 13h13. Disponível em: <twitter.com/waitbutwhy/status/1384963403475791872?s=20&t=4i2ekW6c1cwAp6S1qB6YUA>.

2. *Charlie Rose*, temporada 14, episódio 186, "David McCullough". PBS, 30 maio 2005. Disponível em: <charlierose.com/videos/18134>.

3. Erik Larson, *Dead Wake: The Last Crossing of the Lusitania*. Nova York: Crown, 2015, pp. 117, 326.

4. Joseph T. McCann, *Terrorism on American Soil*. Boulder, CO: Sentient Publications, 2006, pp. 69-70.

5. "This Day in History: February 15, 1933: FDR Escapes Assassination Attempt in Miami". History.com, 16 nov. 2009. Atualizado em 11 fev. 2021. Disponível em: <www.history.com/this-day-in-history/fdr-escapes-assassination-in-miami>.

RISCO É O QUE NÃO ENXERGAMOS [pp. 28-36]

1. Douglas Brinkley, *American Moonshot*. Nova York: Harper, 2019, p. 237.

2. Jan Herman, "Stratolab: The Navy's High-altitude Balloon Research". Bethesda, MD: Naval Medical Research Institute, 1995. Disponível em: <archive.org/details/StratolabTheNavysHighAltitudeBalloonResearch>.

3. Carl Richards (@behaviorgap), postagem no Twitter, 10 mar. 2020, 8h19. Disponível em: <twitter.com/behaviorgap/status/1237352317592076288>.

4. "Fisher Sees Stocks Permanently High". *New York Times*, 16 out. 1929. Disponível em: www.nytimes.com/1929/10/16/archives/fisher-sees-stocks-permanently-high-yale-economist-tells-purchasing.html.

5. Entrevista do autor com Robert Shiller, 2012.

6. Frederick Lewis Allen, *Since Yesterday*. Nova York: Harper & Brothers, 1940. Reproduzido de Thurman W. Arnold, *The Folklore of Capitalism*. New Haven, CT: Yale University Press, 1937.

7. Margaret MacMillan, *History's People: Personalities and the Past*. Toronto: House of Anansi Press, 2015.

8. "The Sonic Memorial — Remembering 9/11 with Host Paul Auster", *The Kitchen Sisters* (podcast). Disponível em: <kitchensisters.org/present/sonic-memorial>.

9. Nassim Nicholas Taleb, *Antifragile: Things That Gain from Disorder*. Nova York: Random House, 2014.

EXPECTATIVAS E REALIDADE [pp. 37-48]

1. "Where Do We Go from Here?". *Life*, v. 5, p. 86, jan. 1953. Disponível em: <books.google.com/books?id=QUIEAAAAMBAJ&q=astonishingly#v=snippet&q=astonishingly&f= false>.

2. "What Have We Got Here". *Life*, p. 47, 5 jan. 1953. Disponível em: <books.google.com/books?id=QUIEAAAAMBAJ&q=astonishingly#v=onepage&q= straight%20years&f=false>.

218

3. "The Crisis of the Middle Class and American Power". RANE Worldview, 31 dez. 2013. Disponível em: <worldview.stratfor.com/article/crisis-middle-class-and-american-power>.

4. Russell Sage Foundation, Chartbook of Social Inequality, "Real Mean and Median Income, Families and Individuals, 1947-2012, and Households, 1967-2012". Disponível em: <russellsage.org/sites/all/files/chartbook/Income%20and%20Earnings.pdf>.

5. Jessica Semega e Melissa Kollar, "Income in the United States: 2021". U.S. Census Bureau, Report Number P60-76, 13 nov. 2022. Disponível em: <census.gov/library/publications/2022/demo/p60-276.html#:~:text=Real%20median%20household%20income%20was,and%20Table%20A%2D1)>.

6. Lawrence H. Officer e Samuel H. Williamson, "Annual Wages in the United States, 1774 — Present". MeasuringWorth, 2023. Disponível em: <measuringworth.com/datasets/uswage/result.php>.

7. PK, "Historical Homeownership Rate in the United States, 1890 — Present". DQYDJ. Disponível em: <dqydj.com/historical-homeownership-rate-united-states>.

8. Maria Cecilia P. Moura, Steven J. Smith e David B. Belzer, "120 Years of U.S. Residential Housing Stock and Floor Space", tabela 1. *PLoS One*, v. 10, n. 8, 11 ago. 2015. Disponível em: <ncbi.nlm.nih.gov/pmc/articles/PMC4532357/table/pone.0134135.t001>.

9. U.S. Bureau of Labor Statistics, "100 Years of U.S. Consumer Spending". Report 991, maio 2006. Disponível em: <bls.gov/opub/100-ears-of-u-s-consumer-pending.pdf>; e "Consumer Expenditures — 2021". Press release, 8 set. 2022. Disponível em: <bls.gov/news.release/cesan.nr0.htm>.

10. Marian L. Tupy, "Workplace Fatalities Fell 95% in the 20th Century. Who Deserves the Credit?". FEE Stories, 16 set. 2018. Disponível em: <fee.org/articles/workplace-fatalities-fell-95-in-the-20th-century-who-deserves-the-credit/>.

11. Barry Avrich, *Prosecuting Evil*. Los Angeles: Vertical Entertainment, 2018.

12. Gary Rivlin, "In Silicon Valley, Millionaires Who Don't Feel Rich". *New York Times*, 5 ago. 2007. Disponível em: <www.nytimes.com/2007/08/05/technology/05rich.html>.

13. Will Smith, *Will*. Nova York: Penguin Press, 2021, p. 105.

14. Steve Tignor, "Naomi Osaka Isn't Enjoying Herself Even When She Wins — So You Can Understand Her Need for a Break from the Game". *Tennis*, 4 set. 2021. Disponível em: <www.tennis.com/news/articles/naomi-osaka-isn-t-enjoying-herself-even-when-she-wins-so-you-can-understand-her->.

15. David McCullough, *Truman*. Nova York: Touchstone, 1992.

16. Buffett Online, "2022 Daily Journal Annual Meeting", 16 fev. 2022. Disponível em: <youtube.com/watch?v=22faKkazye4&ab_channel=BuffettOnline>.

MENTES EXCÊNTRICAS [pp. 49-56]

1. Cathal Dennehy, "Eliud Kipchoge: Inside the Camp, and the Mind, of the Greatest Marathon Runner of All Time". *Irish Examiner*, 29 out. 2021. Disponível em: <www.irishexaminer.com/sport/othersport/arid-40732662.html>.

2. Robert Coram, *Boyd: The Fighter Pilot Who Changed the Art of War*. Nova York: Back Bay Books, 2004, pp. 58, 68, 130, 172, 450.

3. Ronald Spector, "40-Second Man". *New York Times*, 9 mar. 2003. Disponível em: <nytimes.com/2003/03/09/books/40-second-man.html>.

4. Robert Coram, op. cit., p. 184.

5. John Maynard Keynes, "Newton, the Man". Palestra não realizada. In: Elizabeth Johns (Org.), *The Collected Writings of John Maynard Keynes*. Cambridge; Londres: Cambridge University Press; Royal Economic Society, 1978. Disponível em: <mathshistory. st-andrews.ac.uk/Extras/Keynes_Newton>.

6. Franklin J. Schaffner, *Patton*. Los Angeles: 20th Century Fox, 1970.

7. Loren Grush, "Elon Musk Elaborates on His Proposal to Nuke Mars". *Verge*, 2 out. 2015. Disponível em: <theverge.com/2015/10/2/9441029/elon-musk-mars-nuclear-bomb-colbert-interview-explained>.

8. Andrew Griffin, "Elon Musk: The Chance We Are Not Living in a Computer Simulation Is 'One in Billions'". *Independent*, 2 jun. 2016. Disponível em: <independent. co.uk/tech/elon-musk-ai-artificial-intelligence-computer-simulation-gaming-virtual-reality-7060941.html>.

9. Eric Jorgenson, *The Almanack of Naval Ravikant: A Guide to Wealth and Happiness*. Londres: Magrathea, 2020, p. 144.

NÚMEROS MALUCOS [pp. 57-68]

1. *Comedians in Cars Getting Coffee*, temporada 5, episódios 7-8, "The Unsinkable Legend — Part 1 & Part 2". Crackle, 18 dez. 2014.

2. Kathryn Bigelow, *Zero Dark Thirty*. Culver City, CA: Sony Pictures, 2012.

3. John A. Gans Jr., "'This Is 50-50': Behind Obama's Decision to Kill Bin Laden". *Atlantic*, 10 out. 2012. Disponível: <www.theatlantic.com/international/archive/2012/10/this-is-50-50-behind-obamas-decision-to-kill-bin-laden/263449>.

4. Tim Adams, "This Much I Know: Daniel Kahneman". *Guardian*, 7 jul. 2012. Disponível em: <theguardian.com/science/2012/jul/08/this-much-i-know-daniel-kahneman>.

5. Robert D. McFadden, "Odds-defying Jersey Woman Hits Lottery Jackpot 2d Time". *New York Times*, 14 fev. 1986. Disponível em: <www.nytimes.com/1986/02/14/nyregion/odds-defying-jersey-woman-hits-lottery-jackpot-2d-time.html>.

6. Gina Kolata, "1-in-a-Trillion Coincidence, You Say? Not Really, Experts Find". *New York Times*, 27 fev. 1990. Disponível em: <www.nytimes.com/1990/02/27/science/1-in-a-trillion-coincidence-you-say-not-really-experts-find.html>.

7. Freeman Dyson, "One in a Million". *New York Review of Books*, 25 mar. 2004. Disponível em: <www.nybooks.com/articles/2004/03/25/one-in-a-million>.

8. Frederick Lewis Allen, *The Big Change: American Transforms Itself 1900-1950*. Nova York: Routledge, 2017, pp. 8, 23.

9. Megan Garber, "The Threat to American Democracy That Has Nothing to Do with Trump". *Atlantic*, 11 jul. 2020. Disponível em: ‹theatlantic.com/culture/archive/2020/07/ghosting-news-margaret-sullivans-alarm-bell/614011›.

10. Steven Pinker, "The Media Exaggerates Negative News. This Distortion Has Consequences". *Guardian*, 17 fev. 2018. Disponível em: ‹theguardian.com/commentis-free/2018/feb/17/steven-pinker-media-negative-news›.

11. Frederick Lewis Allen, *The Big Change*, p. 8.

12. Peter T. Kaufman (Org.), *Poor Charlie's Almanack: The Wit and Wisdom of Charles T. Munger*. Marceline, MO: Walsworth Publishing Co., 2005, p. 205.

13. Eric Schurenberg, "Why the Experts Missed the Crash". CNN Money, 18 fev. 2009. Disponível em: ‹money.cnn.com/2009/02/17/pf/experts_Tetlock.moneymag/index.htm›.

14. National Bureau of Economic Research, "Business Cycle Dating". Disponível em: ‹nber.org/research/business-cycle-dating›.

A MELHOR NARRATIVA TRIUNFA [pp. 69-79]

1. "How Martin Luther King Went Off Script in 'I Have a Dream'". *Wall Street Journal*, 24 ago. 2013. Disponível em: ‹youtube.com/watch?v=KxlOlynG6FY›.

2. Martin Luther King Jr., "I Have a Dream". Discurso feito em Washington, D.C., 28 ago. 1963. Transcrição disponível em: ‹americanrhetoric.com/speeches/mlkihavea-dream.htm›.

3. "This Day in History: August 28, 1963: Mahalia Jackson Prompts Martin Luther King Jr. to Improvise 'I Have a Dream' Speech". History.com. Disponível em: ‹www.history.com/this-day-in-history/mahalia-jackson-the-queen-of-gospel-puts-her-stamp-on-the-march-on-washington›.

4. Martin Luther King Jr., "I Have a Dream". Disponível em: ‹youtube.com/watch?v=smEqnnklfYs›.

5. Ken Burns, *Mark Twain*. Walpole, NH; Arlington, VA: Florentine Films; WETA, 2001.

6. C. R. Hallpike, "Review of Yuval Harari's Sapiens: A Brief History of Humankind". AIPavilion, 2017. Disponível em: ‹aipavilion.github.io/docs/hallpike-review.pdf›.

7. Ian Parker, "Yuval Noah Harari's History of Everyone, Ever". *New Yorker*, 10 fev. 2020. Disponível em: ‹newyorker.com/magazine/2020/02/17/yuval-noah-harari-gives-the-really-big-picture›.

8. Ken Burns, *The Civil War*. Walpole, NH; Arlington, VA: Florentine Films; WETA, 1990.

9. "Ken Burns". *SmartLess* (podcast), 20 set. 2021. Disponível em: ‹podcasts.apple.com/us/podcast/ken-burns/id1521578868?i=1000535978926›.

10. "The Tragedy of SS *Kiangya*". *Mfame*, 21 jan. 2016. Disponível em: ‹mfame.guru/tragedy-ss-kiangya›.

11. "Sinking of Doña Paz: The World's Deadliest Shipping Accident". Safety4Sea, 8 mar. 2022. Disponível em: <safety4sea.com/cm-sinking-of-dona-paz-the-worlds-deadliest-shipping-accident>.

12. "'Africa's Titanic' 20 Years Later: Sinking of Le Joola Has Lessons for Ferry Safety". *SaltWire*, 3 out. 2022. Disponível em: <saltwire.com/halifax/news/local/africas-titanic-20-years-later-sinking-of-le-joola-has-lessons-for-ferry-safety-100778847>.

13. Ken Burns, *Mark Twain*, op. cit.

14. "Richard Feynman Fire". Disponível em: <youtube.com/watch?v=N1pIYI5JQLE&ab_channel=nebulajr>.

15. Walter Isaacson, *Einstein: His Life and Universe*. Nova York: Simon & Schuster, 2007.

16. Anthony Breznican, "Steven Spielberg: The EW interview". *Entertainment Weekly*, 2 dez. 2011. Disponível em: <ew.com/article/2011/12/02/steven-spielberg-ew-interview>.

17. Dee Hock, *Autobiography of a Restless Mind: Reflections on the Human Condition*, v. 2. Bloomington, IN: iUniverse, 2013.

NÃO É COMPUTÁVEL [pp. 80-90]

1. Will Durant, *Fallen Leaves: Last Words on Life, Love, War, and God*. Nova York: Simon & Schuster, 2014.

2. Ken Burns e Lynn Novick, *The Vietnam War*. Walpole, NH: Florentine Films et al., 2017.

3. Ibid.

4. Ron Baker, "The McKinsey Maxim: 'What You Can Measure You Can Manage.' HOKUM!". *Firm of the Future*, 18 fev. 2020. Disponível em: <firmofthefuture.com/content/the-mckinsey-maxim-what-you-can-measure-you-can-manage-hokum>.

5. Julie Bort, "Amazon Founder Jeff Bezos Explains Why He Sends Single Character '?' Emails". *Inc.*, 23 abr. 2018. Disponível em: <www.inc.com/business-insider/amazon-founder-ceo-jeff-bezos-customer-emails-forward-managers-fix-issues.html>.

6. Niall Ferguson, *The War of the World: Twentieth-Century Conflict and the Descent of the West*. Nova York: Penguin Press, 2006, p. 537.

7. "Archibald V. Hill: Biographical". Disponível em: <nobelprize.org/prizes/medicine/1922/hill/biographical>.

8. Timothy David Noakes, "Fatigue Is a Brain-derived Emotion That Regulates the Exercise Behavior to Ensure the Protection of Whole Body Homeostasis". *Frontiers in Physiology*, v. 3, n. 82, p. 1, 2012. Disponível em: <ncbi.nlm.nih.gov/pmc/articles/PMC3323922>.

9. Eric R. Kandel, *In Search of Memory: The Emergence of a New Science of Mind*. Nova York: W. W. Norton, 2007.

10. Alex Hutchinson, *Endure: Mind, Body, and the Curiously Elastic Limits of Human Performance*. Boston: Mariner Books, 2018, pp. 22-7, 45-76.

11. "(1) Muscular Movement in Man: The Factors Governing Speed and Recovery from Fatigue (2) Living Machinery: Six Lectures Delivered before a 'Juvenile Auditory' at the Royal Institution, Christmas 1926 (3) Basal Metabolism in Health and Disease". *Nature*, v. 121, pp. 314-6, 1928. Disponível em: <nature.com/articles/121314a0>.

A CALMA PLANTA AS SEMENTES DA LOUCURA [pp. 91-100]

1. Hyman P. Minsky, "The Financial Instability Hypothesis", Working Paper n. 74, Levy Economics Institute of Bard College, maio 1992. Disponível em: <levyinstitute. org/pubs/wp74.pdf>.

2. Kelly Hayes (@MsKellyMHayes), postagem no Twitter, 11 jul. 2020, 16h22. Disponível em: <twitter.com/MsKellyMHayes/status/1282093046943952902>.

3. Dan Carlin, *The End Is Always Near*. Nova York: Harper, 2019, p. 194.

4. Victoria Hansen et al., "Infectious Disease Mortality Trends in the United States, 1980-2014". *Journal of the American Medical Association*, v. 316, n. 20, pp. 2149-1, 22/29 nov. 2016. Disponível em: <jamanetwork.com/journals/jama/article-abstract/2585966>.

5. Clark Whelton, "Say Your Prayers and Take Your Chances". *City Journal*, 13 mar. 2020. Disponível em: <city-journal.org/1957-asian-flu-pandemic>.

6. Ed Yong, "How the Pandemic Defeated America". *Atlantic*, set. 2020. Disponível em: <theatlantic.com/magazine/archive/2020/09/coronavirus-american-failure/614191>.

7. "Incredible 2017 Tahoe Snow Totals". *Tahoe Ski World*, 28 dez. 2018. Disponível em: <tahoeskiworld.com/incredible-2017-tahoe-snow-totals>.

8. Associated Press, "Out in the California Desert, Tourists Make a Beeline for 'Flowergeddon'". *Washington Post*, 31 mar. 2017. Disponível em: <www.washingtonpost.com/lifestyle/kidspost/out-of-the-california-desert-tourists-make-a-beeline-for-flowergeddon/2017/03/31/64313c3c-1620-11e7-833c-503e1f6394c9_story.html>.

9. S.-Y. Simon Wang, "How Might El Niño Affect Wildfires in California?". *ENSO* (blog), 27 ago. 2014. Disponível em: <www.climate.gov/news-features/blogs/enso/how-might-el-ni%C3%B1o-affect-wildfires-california>.

10. "Chamath Palihapitiya: The #1 Secret to Becoming Rich". *Investor Center*, 5 fev. 2021. Disponível em: <youtube.com/watch?v=XnleEVXdQsE&ab_channel=InvestorCenter>.

COISAS DEMAIS, CEDO DEMAIS, RÁPIDO DEMAIS [pp. 101-8]

1. J. B. S. Haldane, "On Being the Right Size". In: *Possible Worlds and Other Essays*. Londres: Chatto & Windus, 1927, p. 18. Disponível em: <searchworks.stanford.edu/view/8708294>.

2. Robert J. Shiller, "Online Data Robert Shiller". Disponível em: <www.econ.yale.edu/~shiller/data.htm>.

3. Howard Schultz, memorando a Jim Donald, 14 fev. 2007. Disponível em: <starbucksgossip.typepad.com/_/2007/02/starbucks_chair_2.html>.

4. Harvey S. Firestone, *Men and Rubber: The Story of Business*. Nova York: Doubleday, Page & Co., 1926. Disponível em: <blas.com/wp-content/uploads/2019/07/Men-and-Rubber.pdf>.

5. Peter Wohlleben, *The Secret Wisdom of Nature*. Vancouver: Greystone Books, 2019.

6. Who-Seung Lee, Pat Monaghan e Neil B. Metcalfe, "Experimental Demonstration of the Growth Rate-Lifespan Trade-off". *Proceedings of the Royal Society B*, v. 280, 2013. Disponível em: <royalsocietypublishing.org/doi/pdf/10.1098/rspb.2012.2370>.

QUANDO A MAGIA ACONTECE [pp. 109-21]

1. Ric Burns, *New York: A Documentary Film*. Nova York: Steeplechase Films; New York Historical Society et al., 1999-2003.

2. William Shepherd, "Eyewitness at the Triangle". In: *Out of the Sweatshop: The Struggle for Industrial Democracy*. Org. de Leon Stein. Nova York: Quadrangle/New Times Book Company, 1977, pp. 188-93. Disponível em: <trianglefire.ilr.cornell.edu/primary/testimonials/ootss_WilliamShepherd.html>.

3. Frederick Lewis Allen, *The Big Change: American Transforms Itself 1900-1950*. Nova York: Routledge, 2017.

4. Brad Stone, "How Shopify Outfoxed Amazon to Become the Everywhere Store". *Bloomberg*, 22 dez. 2021. Disponível em: <bloomberg.com/news/features/2021-12-23/shopify-amazon-retail-rivalry-heats-up-with-covid-sparked-online-shopping-booma>.

5. Alexander J. Field, *A Great Leap Forward: 1930s Depression and U.S. Economic Growth*. New Haven, CT: Yale University Press, 2012, p. 7.

6. Federal Highway Administration, "Contributions and Crossroads: Timeline". Disponível em: <www.fhwa.dot.gov/candc/timeline.cfm>.

7. Franklin D. Roosevelt, "Campaign Address in Portland, Oregon on Public Utilities and Development of Hydro-electric Power", 21 set. 1932. Disponível em: <presidency.ucsb.edu/documents/campaign-address-portland-oregon-public-utilities-and-development-hydro-electric-power>.

8. Robert Gordon, *The Rise and Fall of American Growth*. Princeton, NJ: Princeton University Press, 2016, p. 564.

9. "The Purpose of Life: Nixon", 9 jul. 2011. Disponível em: <youtube.com/watch?v=Pc3IfB23W4c& ab_channel=JM>.

10. Andrew Wilkinson (@awilkinson), postagem no Twitter, 26 abr. 2021, 8h07. Disponível em: <twitter.com/awilkinson/status/1386698431905730565?s= 20>.

11. Patrick O'Shaughnessy (@patrick_oshag), postagem no Twitter, 17 jul. 2021, 6h31. Disponível em: <twitter.com/patrick_oshag/status/1416390114998198273?s=20&t=n2Yw1L1b657o_69Iyprf7g>.

TRAGÉDIAS REPENTINAS E MILAGRES DE LONGO PRAZO [pp. 122-7]

1. Cody White, "'Heart Attack Strikes Ike', President Eisenhower's 1955 Medical Emergency in Colorado". National Archives, 22 set. 2016. Disponível em: <text-message. blogs.archives.gov/2016/09/22/heart-attack-strikes-ike-president-eisenhowers-1955-medical-emergency-in-colorado>.

2. Nassim Nicholas Taleb, *Antifragile: Things That Gain from Disorder*. Nova York: Random House, 2014. [Citado na tradução de Renato Marques para *Antifrágil: Coisas que se beneficiam com o caos*. Rio de Janeiro: Objetiva, 2020.]

MINÚSCULO E MAGNÍFICO [pp. 128-34]

1. Marc Santore, "Study Finds Snacking Is a Major Cause of Child Obesity". Yale School of Medicine, 2 abr. 2010. Disponível em: <medicine.yale.edu/news-article/study-finds-snacking-is-a-major-cause-of-child-obesity>.

2. Dan Carlin, *The End Is Always Near*. Nova York: Harper, 2019, p. 148.

3. Matthew Seelinger, "The M28/M29 Davy Crockett Nuclear Weapon System", Army Historical Foundation. Disponível em: <armyhistory.org/the-m28m29-davy-crockett-nuclear-weapon-system>.

4. Serhii Plokhy, *Nuclear Folly: A History of the Cuban Missile Crisis*. Nova York: W. W. Norton, 2021.

5. Niall Ferguson, *Doom: The Politics of Catastrophe*. Londres: Penguin Books, 2021, pp. 258-62.

6. Jack D. Dunitz e Gerald F. Joyce, "A Biographical Memoir of Leslie E. Orgel, 1927--2007". Washington, D.C.: National Academy of Sciences, 2013. Disponível em: <nasonline. org/publications/biographical-memoirs/memoir-pdfs/orgel-leslie.pdf>.

7. "Howard Marks — Embracing the Psychology of Investing". *Invest Like the Best with Patrick O'Shaughnessy* (podcast), 21 jun. 2021. Disponível em: <joincolossus.com/episodes/70790270/marks-embracing-the-psychology-of-investing?tab=transcript>.

ÊXTASE E DESESPERO [pp. 135-41]

1. Jim Collins, "The Stockdale Paradox". JimCollins.com. Disponível em: <jimcollins. com/media_topics/TheStockdaleParadox.html>.

2. James Truslow Adams, *The Epic of America*. Nova York: Routledge, 2017.

3. "Bill Gates Wasn't Worried about Burnout in 1984 — Here's Why". Disponível em: <youtube.com/watch?v=MhnSzwXvGfc&ab_channel=CNBCMakeIt>.

4. Paul Allen, *Idea Man*. Nova York: Portfolio/Penguin, 2011, p. 32.

5. Leah Fessler, "Bill Gates' Biggest Worry as a 31-Year-ld Billionaire Wasn't Apple or IBM". Yahoo! News, 28 fev. 2018. Disponível em: <www.yahoo.com/news/bill-gates-biggest-worry-31-170014556.html>.

VÍTIMAS DA PERFEIÇÃO [pp. 142-8]

1. Georgy S. Levit, Uwe Hossfeld e Lennart Olsson, "From the 'Modern Synthesis' to Cybernetics: Ivan Ivanovich Schmalhausen (1884-1963) and His Research Program for a Synthesis of Evolutionary and Developmental Biology". *Journal of Experimental Zoology Part B: Molecular and Developmental Evolution*, v. 306, n. 2, pp. 89-106, 15 mar. 2006. Disponível em: <pubmed.ncbi.nlm.nih.gov/16419076>.

2. Richard Lewontin e Richard Levins, "Schmalhausen's Law". *Capitalism Nature Socialism*, v. 11, n. 4, pp. 103-8, 2000. Disponível em: <tandfonline.com/doi/abs/10.10 80/10455750009358943?journalCode=rcns20>.

3. David Leonhardt, "You're Too Busy. You Need a 'Shultz Hour'". *New York Times*, 18 abr. 2017. Disponível em: <nytimes.com/2017/04/18/opinion/youre-too-busy-you-need-a-shultz-hour.html>.

4. May Wong, "Stanford Study Finds Walking Improves Creativity". *Stanford News*, 24 abr. 2014. Disponível em: <news.stanford.edu/2014/04/24/walking-vs-sitting-042414>.

5. Charlie Munger, "2007 USC Law School Commencement Address". University of Southern California Law School, Los Angeles, CA, 13 maio 2007. Disponível em: <jamesclear.com/great-speeches/2007-usc-law-school-commencement-address-by-charlie-munger>.

6. Nassim Nicholas Taleb, *The Bed of Procrustes*. Nova York: Random House, 2010, p. 37. [Citado na tradução de Renato Marques para *A cama de Procusto*. Rio de Janeiro: Objetiva, p. 57.]

É PRA SER DIFÍCIL MESMO [pp. 149-56]

1. Ric Burns, *The Donner Party*. Nova York: Steeplechase Films, 1992.

2. David Lean, *Lawrence of Arabia*. Culver City, CA: Columbia Pictures, 1962.

3. Shane Parrish, "Simple Acts". *Brain Food* (blog), 23 out. 2022. Disponível em: <fs.blog/brain-food/october-23-2022>.

4. *Comedians in Cars Getting Coffee*, temporada 2, episódio 2, "I Like Kettlecorn". Crackle, 20 jun. 2013.

5. Daniel McGinn, "Life's Work: An Interview with Jerry Seinfeld". *Harvard Business Review*, jan.-fev. 2007. Disponível em: <hbr.org/2017/01/lifes-work-jerry-seinfeld>.

6. "This Is Killing Your Success: Jeff Bezos". *The Outcome*, 14 fev. 2021. Disponível em: <youtube.com/watch?v=sbhY0EyOcqg&ab_channel=TheOutcome>.

7. "Steven Pressfield — How to Overcome Self-sabotage and Resistance, Routines for Little Successes, and the Hero's Journey vs. the Artist's Journey". *The Tim Ferriss Show* (podcast), episódio 501, 26 fev. 2021. Disponível em: <podcasts.apple.com/us/podcast/501-steven-pressfield-how-to-overcome-self-sabotage/id863897795?i=1000510784746>.

8. Doris Kearns Goodwin, *No Ordinary Time*. Nova York: Simon & Schuster, 2008, p. 218.

CONTINUE CORRENDO [pp. 157-64]

1. Henry Fairfield Osborn, "A Biographical Memoir of Edward Drinker Cope, 1840--1897". Washington, D.C.: National Academy of Sciences, 1930.

2. Santa Fe Institute, "Bigger Is Better, Until You Go Extinct". Press release, 21 jul. 2008. Disponível em: <santafe.edu/news-center/news/bigger-is-better-until-you-go-extinct>.

3. April Holladay, "Ant's Slow Fall Key to Survival". *Globe and Mail* (Toronto), 12 jan. 2009. Disponível em: <theglobeandmail.com/technology/ants-slow-fall-key-to-survival/article4275684>.

4. Morgan Housel, "Crickets: The Epitome of Investing Success". *Medium*, 10 mar. 2016. Disponível em: <medium.com/@TMFHousel/crickets-the-epitome-of-investing-success-9f3bccd2628>.

5. Isadore Barmash, "A Sears 'Store of the Future'". *New York Times*, 27 jul. 1983. Disponível em: <nytimes.com/1983/07/27/business/market-place-a-sears-store-of-the-future.html>.

6. Peter T. Kilborn, "Regan Bids Wall Street Seek Sears's Efficiency". *New York Times*, 11 jun. 1974. Disponível em: <nytimes.com/1974/06/11/archives/regan-bids-wall-street-seek-searss-efficiency2-unmitigated.html>.

7. Morgan Housel, "Risk Is How Much Time You Need". *Collab Fund*, 30 mar. 2017. Disponível em: <collabfund.com/blog/risk>.

8. Leigh Van Valen, "A New Evolutionary Law". *Evolutionary Theory*, v. 1, pp. 1-30, jul. 1973. Disponível em: <mn.uio.no/cees/english/services/van-valen/evolutionary-theory/volume-1/vol-1-no-1-pages-1-30-l-van-valen-a-new-evolutionary-law.pdf>.

9. Citado na tradução de Maria Luiza X. de A. Borges para Lewis Carroll, *Alice: Edição bolso de luxo*. Rio de Janeiro: Zahar, 2010, p. 185. (N. T.)

AS MARAVILHAS DO FUTURO [pp. 165-70]

1. "America's Thinking Men Forecast the Wonders of the Future". *Washington Post*, 12 jan. 1908.

2. *American Experience*, temporada 27, episódio 3, "Edison", PBS, 27 jan. 2015.

3. Anya Plutynski, "What Was Fisher's Fundamental Theorem of Natural Selection and What Was It For?". *Studies in History and Philosophy of Science Part C: Studies in History and Philosophy of Biological and Biomedical Sciences*, v. 37, pp. 59-82, 2006. Disponível em: <philsci-archive.pitt.edu/15310/1/FundamentalTheorem.pdf>.

4. "January 12 — Births — Scientists Born on January 12th". *Today in Science History*. Disponível em: <todayinsci.com/1/1_12.htm>.

MAIS DIFÍCIL DO QUE PENSAMOS E NÃO TÃO DIVERTIDO QUANTO PARECE [pp. 171-5]

1. James Baldwin, "The Doom and Glory of Knowing Who You Are". *Life*, 24 maio 1963.
2. David Gelles et al., "Elon Musk Details 'Excruciating' Personal Toll of Tesla Turmoil". *New York Times*, 16 ago. 2018. Disponível em: <nytimes.com/2018/08/16/business/elon-musk-interview-tesla.html>.

INCENTIVOS: AS FORÇAS MAIS PODEROSAS DO MUNDO [pp. 176-82]

1. Emmett Malloy, *Biggie: I Got a Story to Tell*. Los Gatos, CA: Netflix, 2021.
2. Yevgeny Yevtushenko, "Career". *Goodreads*. Disponível em: <goodreads.com/quotes/1265237-career-galileo-the-clergy-maintained-was-a-pernicious-and-stubborn>.
3. *Drug Lords*, temporada 2, episódio 1, "El Chapo". Netflix, 10 jul. 2018.
4. "Cult's Telescope Couldn't Find UFO". *Chicago Tribune*, 1º abr. 1997.
5. Jill Lepore, *These Truths*. Nova York: W. W. Norton, 2018, pp. 412-3.
6. Heather Lyu et al., "Overtreatment in the United States". *PLoS One*, v. 12, n. 9, 2017. Disponível em: <ncbi.nlm.nih.gov/pmc/articles/PMC5587107>.
7. *The Daily Show*, temporada 14, episódio 36, "Jim Cramer". Comedy Central, 12 mar. 2009.

AGORA VOCÊ ENTENDEU [pp. 183-9]

1. John Edgar Hoover, memorando a Mr. Tamm, 22 nov. 1934. Disponível em: <vault.fbi.gov/smedley-butler/Smedley%20Butler%20Part%2001%20of%2002>.
2. "Gen. Butler Bares 'Fascist Plot' to Seize Government by Force". *New York Times*, 21 nov. 1934. Disponível em: <www.nytimes.com/1934/11/21/archives/gen-butler-bares-fascist-plot-to-seize-government-by-force-says.html>.
3. *Comedians in Cars Getting Coffee*, temporada 6, episódio 5, "That's the Whole Point of Apartheid, Jerry". Crackle, 1 jul. 2015.
4. Eric A. Johnson e Karl-Heinz Reuband, *What We Knew: Terror, Mass Murder, and Everyday Life in Nazi Germany*. Nova York: Basic Books, 2006, p. 156.
5. Varlam Shalamov, "Forty-Five Things I Learned in the Gulag". *Paris Review*, 12 jun. 2018. Disponível em: <www.theparisreview.org/blog/2018/06/12/forty-five-things-i-learned-in-the-gulag>.
6. Stephen Ambrose, *Citizen Soldiers*. Nova York: Simon & Schuster, 1998.
7. Pew Research Center, "Public Trust in Government: 1958-2022", 6 jun. 2022. Disponível em: <www.pewresearch.org/politics/2022/06/06/public-trust-in-government-1958-2022>.

8. Bo Burnham, *Tamborine*. Los Gatos, CA: Netflix, 2018.

9. Andrew Chaikin, *A Man on the Moon*. Nova York: Viking, 1994.

FORÇANDO A BARRA [pp. 196-203]

1. Barak Goodman, *Cancer: The Emperor of All Maladies*. Brooklyn, NY: Ark Media, 2015.

2. Ibid.

3. Edsger W. Dijkstra, "The Threats to Computing Science". ACM 1984 South Central Regional Conference, Austin, TX, 16-18 nov. 1984. Disponível em: <cs.utexas.edu/users/EWD/transcriptions/EWD08xx/EWD898.html>.

4. Samuel Wendell Williston, *Water Reptiles of the Past and Present*. Chicago: University of Chicago Press, 1914. Disponível em: <archive.org/details/waterreptilesofp00will/page/172/mode/2up>.

5. W. K. Gregory, "Polyisomerism and Anisomerism in Cranial and Dental Evolution among Vertebrates". *Proceedings of the National Academy of Sciences of the United States of America*, v. 20, n. 1, pp. 1-9, jan. 1934. Disponível em: <semanticscholar.org/paper/Polyisomerism-and-Anisomerism-in-Cranial-and-Dental-Gregory/d683d13e9fbc5ea44b533cb73678c6c2f7941dea?p2dfJordan>.

6. John T. Reed, *Succeeding*. John T. Reed Publishing, 2008.

7. Stephen King, *On Writing: A Memoir of the Craft*. Nova York: Scribner, 2000. [Citado na tradução de Michel Teixeira para *Sobre a escrita: a arte em memórias*. Rio de Janeiro: Suma, 2015, p. 13.]

8. Jordan Ellenberg, "The Summer's Most Unread Book Is…". *Wall Street Journal*, 3 jul. 2014. Disponível em: <www.wsj.com/articles/the-summers-most-unread-book-is-1404417569>.

9. Thomas McCrae, "The Method of Zadig in the Practice of Medicine". Palestra feita na reunião anual da Canadian Medical Association, St. John, NB, 7 jul. 1914. Disponível em: <ncbi.nlm.nih.gov/pmc/articles/PMC406677/pdf/canmedaj00242-0027.pdf>.

AS FERIDAS FECHAM, MAS AS CICATRIZES PERMANECEM [pp. 204-10]

1. Geoffrey Roberts, *Stalin's Wars: From World War to Cold War, 1939-1953*. New Haven, CT: Yale University Press, 2006, pp. 4-5.

2. Tokuaki Shobayashi, "History of Nutrition Policy in Japan". *Nutrition Reviews*, v. 78, sup. 3, pp. 10-3, dez. 2020. Disponível em: <academic.oup.com/nutritionreviews/article/78/Supplement_3/10/6012429>.

3. Rand Corporation, "Lasting Consequences of World War II Means More Illness, Lower Education and Fewer Chances to Marry for Survivors". Press release, 21 jan. 2014. Disponível em: <rand.org/news/press/2014/01/21/index1.html#:~:text=The%20study%20found%20that%20living,more%20likely%20to%20have%20depression>.

4. Frederick Lewis Allen, *The Big Change: American Transforms Itself 1900-1950*. Nova York: Routledge, 2017, p. 148.

5. Ivan P. Pavlov, "Conditioned Reflexes: An Investigation of the Physiological Activity of the Cerebral Cortex". Palestra XVIII, 1927. Disponível em: <psychclassics.yorku.ca/Pavlov/lecture18.htm>.

6. Ibid. Palestra XXIII. Disponível em: <psychclassics.yorku.ca/Pavlov/lecture23.htm#:~:text=Different%20conditions%20productive%20of%20extreme,in%20nervous%20and%20psychic%20activity>.

7. Hamilton Fish Armstrong, "Europe Revisited". *Foreign Affairs*, jul. 1947. Disponível em: <foreignaffairs.com/articles/europe/1947-07-01/europe-revisited>.

8. Tony Judt, *Postwar: A History of Europe Since 1945*. Nova York: Penguin Press, 2005.

9. Ta-Nehisi Coates, "'War and Welfare Went Hand in Hand'". *Atlantic*, 4 nov. 2013. Disponível em: <www.theatlantic.com/international/archive/2013/11/war-and-welfare-went-hand-in-hand/281107>.

QUESTÕES [pp. 211-3]

1. Doris Kearns Goodwin, *No Ordinary Time*. Nova York: Simon & Schuster, 2008.

ESTA OBRA FOI COMPOSTA PELA ABREU'S SYSTEM EM INES LIGHT
E IMPRESSA EM OFSETE PELA LIS GRÁFICA SOBRE PAPEL PÓLEN NATURAL
DA SUZANO S.A. PARA A EDITORA SCHWARCZ EM OUTUBRO DE 2023

FSC
www.fsc.org
MISTO
Papel | Apoiando
o manejo florestal
responsável
FSC® C112738

A marca FSC® é a garantia de que a madeira utilizada na fabricação do
papel deste livro provém de florestas que foram gerenciadas de maneira
ambientalmente correta, socialmente justa e economicamente viável,
além de outras fontes de origem controlada.